KB210522

신약성경의 평화사상

이 덕 신

이 저서는 2019년 대한민국 교육부와 한국연구재단의 지원을 받아 수행된 연구임.
(NRF-2019S1A5B5A07106797)

신약성경의 평화사상

지은이   이덕신
초판발행   2024년 12월 24일

펴낸이   배용하
책임편집   배용하

등록   제364-2008-000013호
펴낸 곳   도서출판 대장간
                     www.daejanggan.org
등록한 곳   충청남도 논산시 가야곡면 매죽헌로1176번길 8-54
편집부   전화 (041) 742-1424
영업부   전화 (041) 742-1424 · 전송 0303 0959-1424
ISBN   978-89-7071-720-3   03230

분류   기독교 | 신약 | 평화

 값 12,000원

'기독교 평화주의'의 재발견

서문

　본서는 필자가 섬기는 교회에서 진행한 주일 오후 특강에서 유래합니다. 그때 특강 제목은 "신약성경에서 배우는 평화의 노래"입니다. 이후 한국연구재단의 지원으로 보다 이론적으로 연구하게 되어 "신약성경의 평화사상"으로 변경한 것입니다. 본래 제목에서 "평화의 노래"라는 어구를 사용한 것은 노래란 우리의 간절한 바람을 극적으로 표현하는 수단인데, 평화가 바로 그런 바람의 대상이기 때문입니다. 신약성경의 평화에 관한 여러 구절이 노래의 형식으로 되어 있는 것도 물론 같은 이유일 텐데요.

예를 들어, 누가복음 1장 79절에서 사가랴가 메시아의 탄생을 예고하며 찬미하는 노래 중 다음과 같은 구절이 나옵니다: "우리 발을 평강의 길로 인도하시리로다." 또한 조금 뒤의 누가복음 2장 14절에서 천군 천사가 목자들에게 아기 예수의 탄생에 대해 "지극히 높은 곳에서는 하나님께 영광이요 땅에서는 하나님이 기뻐하시는 사람들 중에 평화로다."라고 노래하며, 그분을 이 땅에 평화를 가져다주실 분으로 묘사합니다. 또 다른 잘 알려진 마태복음 5장 9절의 "화평하게 하는 자는 복이 있나니"라는 구절이 들어간 산상수훈 중 팔복의 말씀 역시 시의 형식으로 되어 있음을 알 수 있습니다.

지구상의 어느 누구도 평화를 원하지 않는 사람은 없을 것이지만, 지금 이 순간에도 러시아와 우크라이나, 그리고 이스라엘과 팔레스타인 간의 전쟁뿐만 아니라, 수단과 에티오피아, 미얀마 등에서의 내전이 계속되고 있습니다. 한반도에서도 북한의 핵미사일 개발과 남한과 미국의 합동군사훈련 등과 관련하여 긴장이 해소되지 않고 있구요. 또한 전쟁까지는 아니더라도, 크고 작은 갈등과 분열이 모든 사회에 존재하며, 각 개인 역시 외적이며 내적인 불안 속에 살아가는 것이 현실입니다. 예수를 따르는 한 사람의 기독교인으로서, 신약성경에 나타나는 예수의 평화의 이상에 기반하여 우리 민족과 사회와 전 세계, 그리고 각자의 삶이 치유되고 회복되며, 온전한 평화를 누리기를 염원하며 노래하는 마음으로 이 연구에 착수하게 되었습니다.

　이제 이 글의 목표와 특징, 구성에 대해 간략히 소개하고자 합니다. 첫째로, 이 글은 기독교가 평화의 종교임을 재확인하고 재천명하는 일을 목표로 하는데요. 왜냐하면 흔히 기독교가 구약 성경의 가나안 정복 전쟁과 "눈은 눈으로 이는 이로 갚으라."는 동해보복법(lex talionis)과 중세의 십자군 전쟁, 9.11 테러 이후 미국의 무슬림 국가에 대한 전쟁 등으로 전쟁을 용인 혹은 적극 지지하는 이미지를 가지고 있기 때문입니다. 이러한 역설적 상황을 타개하기 위해 신약성경의 연구를 통하여 기존의 '정당한 전쟁론'(Just War Theory)과 '성전론'(Holy War Theory)을 넘어서는 '기독교 평화주의'(Christian Pacifism)를 재발견할 것입니다.

둘째로, 이 글은 신약성경 자체에 우선적 관심을 가진다는 점에서 특징이 있다고 할 수 있는데요. 왜냐하면 기존의 연구는 주로 앞에서 언급한 '정당한 전쟁론'과 '성전론'과 '기독교 평화주의' 등과 관련하여 시사성 있는 주제를 중심으로 진행되었고, 그 근거가 되는 성경 본문에 대한 검토는 선택적이고 부분적으로 이루어졌기 때문입니다. 반면, 본 연구는 신약성경의 주요 개별 문헌에 대해 분석하는 등의 작업을 통해 기독교의 경전인 성경의 메시지에 보다 더 충실하고자 하는데요. 이를 위해 필자는 특별히 평화 연구가인 동시에 신약학자인 미국 메노나이트 연합성서대학 교수인 윌라드 스와틀리(Willard Swartley)의 *Covenant of Peace: The Missing Peace in New Testament Theology and Ethics*라는 저서를 크게 참조했음을 밝힙니다.

셋째로, 이 글의 구성에 대해 안내드리자면, 앞의 이론적 연구 부분에서는 먼저, 신약성경의 평화사상을 신구약 성경 전체의 거시적 시각에서 조망하구요. 다음으로 신약성경의 주요 개별 문헌─ 즉 공관복음서, 바울서신, 요한문헌─ 각각의 미시

적 시각에서 검토하여 정리합니다. 또한 뒤의 실천적 부분에서
는 신약성경의 평화사상을 전 세계와 한반도 양 차원에 적용하
여 기독교가 평화조성에 어떻게 기여할 수 있는지를 모색합니
다. 첫째로, 2022년 러시아의 우크라이나 침공과 2003년 미국
의 이라크 침공 등에서도 나타나듯 전쟁을 기독교적으로 합리
화하려는 시도인 '성전론' 또는 '정당한 전쟁론'과 '기독교 평화
주의'를 성경 주해뿐만 아니라 교회사적 관점에서 대조하여 고
찰합니다. 둘째로, 남북의 화해와 통일을 위해 한국기독교교
회협의회 등의 기독교 단체와 고 문익환 목사 등의 개인이 과
거 어떤 선구적 활동을 해왔으며, 앞으로 기독교계가 어떤 봉
사를 할 수 있을지 등을 살필 것입니다.

끝으로, 기독교적 평화사상을 전파하는 열렬한 사명감으
로 부족한 글의 출판을 흔쾌히 허락하신 배용하 대표님께 감사
드리며, 광야와 같은 학문의 길을 묵묵히 지원해준 사랑하는
아내 윤민화에게 이 연구물을 바칩니다.

1장 • 서론: 평화의 복음

먼저, 기독교의 경전인 성경의 핵심 교훈이 평화임을 알기 위해, 예수의 복음 또는 하나님의 나라의 주요 내용과 덕목의 하나가 평화임을 확인한다. 다음으로, 구약 성경과 신약성경에서 그 평화를 가리키는 단어인 "샬롬"과 "에이레네"의 뜻을 찾아본다.

기독교가 강조하는 '전도'의 동사형의 성경 헬라어는 '유앙겔리조마이'로서 곧 '복음'(유앙겔리온)을 전파하는 것인데, 그 복음은 '하나님의 나라'와 등치될 수 있다. 즉 마태복음 4장 23절과 9장 35절과 24장 14절은 '천국 복음,' 누가복음 4장 43절은 '하나님의 나라 복음,' 그리고 누가복음 16장 16절은 '하나님의 나라의 복음'이라는 표현을 각각 사용하여 하나님의 나라와 복음이라는 어구가 병렬되어 동의적인 의미임을 나타낸다.(한글 개역 개정판 성경 인용, 이하도 별도 언급이 없으면 동일함) 그런데, 이 복음 또는 하나님의 나라의 핵심 내용과 덕목 중 하나가 '평화'(신약 헬라어 '에이레네'와 구약 히브리어 '샬롬')임을 우리를 확인할 수 있다. 즉 로마서 14장 17절은 "하나님의 나라는 … 성령 안에 있는 의와 평강('에이레네')과 희락이니라," 사도행전 10장 36절은 "화평('에이레네')의 복음을 전하사," 그리고 에베소서 6장 15절은 "평안('에이레네')의 복음이 준비한 것으로 신을 신고"라고 말한다. 또한 예수의 이 평화의 복음을 예언한 구약의 이사야 52장 7절은 이렇게 말한다. 곧 "좋은 소식을 전하며 평화('샬롬')를 공포하며 복된 좋은 소식을 가져오며 구원을 공포하며 시온을 향하여 이르기를 네 하나님이 통치하신다 하는 자의 산을 넘는 발이 어찌 그리 아름다운가."

이제 구약과 신약성경에서 각각 평화를 뜻하는 단어인 "샬롬"과 "에이레네"의 구체적인 용례를 살피고, 그 전체적인 의미를 개괄한다. 첫째로, 구약 성경을 살펴본다. 구약 히브리어 성경에서 '샬롬'은 총 250여 번 사용되는데,[1] 한글 성경(개역 개정과 새번역)에서는 '평화'라는 뜻만이 아니라, '평강, 평안, 화평,

---

1) 윌라드 스와틀리(Willard Swartley), 『당신의 빛을 비추소서: 평화, 선교, 예배를 위한 비전』, 최봉기/ 최태선 역(대전: 대장간, 2007), 25.

화친, 건강, 안전, 번영, 형통' 등 다양하게 번역된다. 특별히 안부를 물을 때 많이 사용되는데, 이것은 바울 서신의 여러 인사말에서 병행어인 헬라어 '에이레네'를 사용하여 "은혜와 평강이 있기를 원하노라"라고 한 것과 같다.

그런데, 구약에서 샬롬은 단순히 특정 대상의 독립적이고 내적인 상태만을 가리키는 것이 아니라, 외부의 다른 대상과의 관계를 묘사한다. 니콜라스 월터스토프는 이사야서를 인용하며, 이것을 다음과 같이 정리한다:

(1) 하나님과의 평화로운 관계- 이사야 2:2-3: "오라 우리가 여호와의 산에 오르며 야곱의 하나님의 전에 이르자 그가 그의 길을 우리에게 가르치실 것이라 우리가 그 길로 행하리라 하리니."

(2) 타인과의 평화로운 관계- 이사야 65:21-22은 가옥을 건축하여 거하겠고 포도나무를 심어 열매를 먹을 것이며, 타인에게 빼앗기지 않고 자기 손으로 생산한 것을 누릴 것임을 묘사한다. 또한 사람들 간의 전쟁이 없는 상태를 말한다. 즉 이사야 2:4: "칼을 쳐서 보습을 만들고 그들의 창을 쳐서 낫을 만들 것이며 이 나라와 저 나라가 다시는 칼을 들고 서로 치지 아니

하며 다시는 전쟁을 연습하지 아니하리라."

(3) 자연과의 평화로운 관계- 이사야 11:6-9은 동물들(표범과 어린 염소, 사자와 송아지 등)간 그리고 동물과 인간(사자나 독사와 어린 아이)간에 서로 해함과 상함이 없음을 묘사한다. 또한 이사야 25:6은 하나님께서 땅의 소산인 좋은 포도주와 기름진 음식으로 즐거운 잔치를 베풀어 주심에 대해 말한다.[2]

다음으로, 신약성경을 살펴본다. 신약의 '에이레네'(약 100회 사용됨)[3]는 구약의 샬롬을 대체하는데, 이것은 구약의 헬라어 역본인 70인경에서 거의 대부분 샬롬을 에이레네로 번역한 것과 맥을 같이한다. 그 뜻도, 한글 성경에서 보듯이 '평강, 평안, 평화, 화평, 화해, 화목, 화친, 안전' 등으로 샬롬과 동일하다. 샬롬과 유사하게 개인의 완전하고 충만한 상태를 가리킨다. 즉 빌립보서 4:6-7: "아무 것도 염려하지 말고 다만 모든 일에 기도와 간구로 너희 구할 것을 감사함으로 하나님께 아뢰라. 그리하면 모든 지각에 뛰어난 하나님의 평강이 그리스도 안에

---

2) 니콜라스 월터스토프(Nicholas Wolterstorff), 『정의와 평화가 입맞출 때까지』, 홍병용 역(서울: IVP, 2007), 144-146.

3) Willard Swartley, *Covenant of Peace: The Missing Peace in New Testament Theology and Ethics* (Grand Rapids [etc.]: Eerdmans, 2006), 42.

서 너희 마음과 생각을 지키시리라"; 요한복음 14:27: "나의 평
안을 너희에게 주노라.… 세상이 주는 것과 같지 아니하니라."

하지만, 신약의 '에이레네'는 관계적 차원의 용례에서 다음
과 같이 예수 그리스도의 구속사역과 긴밀히 연관되는 특징을
지닌다:

(1) 인간과 하나님의 평화— 로마서 5:1: "우리가 믿음으로 의
롭다 하심을 받았으니 우리 주 예수 그리스도로 말미암아
하나님과 화평을 누리자."

(2) 타인과의 평화— 에베소서 2:14: "그는 우리의 화평이신지라
둘로 하나를 만드사 원수 된 것 곧 중간에 막힌 담을 자기 육
체로 허시고."

(3) 자연을 포함하는 전 우주적 평화— 골로새서 1:20: "그의 십
자가의 피로 화평을 이루사 만물 곧 땅에 있는 것들이나 하늘
에 있는 것들이 그로 말미암아 자기와 화목하게 되기를 기뻐
하심이라"; 참조. 로마서 8:21: "피조물도 썩어짐의 종노릇 한
데서 해방되어 하나님의 자녀들의 영광의 자유에 이르는 것
이니라."

이렇게 신약성경에서 평화는 전적으로 예수 그리스도를 중심으로 이루어지는 것으로 묘사된다. 왜냐하면 예수 그리스도는 '평화'(에이레네) 자체이시며 평화의 왕이시기 때문이다.(누가복음 2:14; 히브리서 7:2, 참조. 이사야 9:6) 따라서 예수님과 마찬가지로, 그리스도인은 '피스메이커'(Peacemaker)의 사명을 지닌다. 즉 마태복음 5:9과 고린도후서 5:18은 다음과 같다:

"화평하게 하는 자는 복이 있나니 그들이 하나님의 아들이라 일컬음을 받을 것임이요"; "그리스도로 말미암아 우리를 자기와 화목하게 하시고 또 우리에게 화목하게 하는 직분을 주셨으니."

2장 • 구약의 평화

　구약에 나오는 평화('샬롬')의 뜻을 보다 자세히 살필 것인데, 특별히, 신약에서 평화 자체이시며, 평화의 왕이신 예수님(누가복음 2:14 "땅에서는… 평화로다"; 히브리서 7:2-3 "평강의 왕이요.… 하나님의 아들과 닮아서," 참조. 이사야 9:6)에게서 성취된 것으로 여겨지는 구약의 두 가지 대표적인 종말론적 예언 구절(에스겔 34:23-31; 그리고 스가랴 9:9-10)을 상고한다. 이를 통해 언약 개념을 매개로 평화에 대한 신약과 구약의 연속성을 밝힌다.(누가복음 22:20 "이 잔은 내 피로 세우는 새 언약이니").4

---

4) 참조. Ibid., 177.

1. 화평의 언약: 에스겔 34:23-31

(1) 화평의 언약과 다윗 및 그리스도 언약

먼저, 앞에서 언급한 샬롬의 다차원적 의미뿐만 아니라, 예수님에게서의 종말론적 성취의 예고까지 잘 담고 있는 에스겔 34:23-31을 살펴본다.[5] 이 구절은 여호야긴 왕이 바벨론에 포로로 잡혀갔을 때 함께 간 제사장 에스겔(에스겔 1:2-3)에게 주어진 다윗과 같은 메시아에 의해 회복될 미래의 이스라엘에 대한 예언이다. 그런데 이것을 '화평(샬롬)의 언약'(에스겔 34:25 "내가 또 그들과 화평의 언약을 맺고")이라고 표현한 점에 유의할 필요가 있다. 조금 뒤의 에스겔 37:24-6에서도 같은 맥락에서 '화평의 언약'이라는 말이 다음과 같이 반복된다:

> "내 종 다윗이 그들의 왕이 되리니… 내가 그들과 화평의 언약을
> 세워서 영원한 언약이 되게 하고 또 그들을 견고하고 번성하게
> 하며 내 성소를 그 가운데에 세워서 영원히 이르게 하리니."

제2의 다윗과 같은 왕을 세워 화평의 언약을 새롭게 맺으시겠다는 것은 다음과 같은 사무엘하 7장 12-16의 '다윗 언약'

---

5) 참조. Ibid., 81.

이 본래 '화평의 언약'이었음을 확인한다. 즉 "네 수한이 차서 네 조상들과 함께 누울 때에 내가 네 몸에서 날 네 씨를 네 뒤에 세워 그의 나라를 견고하게 하리라 그는 내 이름을 위하여 집을 건축할 것이요 나는 그의 나라 왕위를 영원히 견고하게 하리라." 또한 다윗에게 주신 그러한 '화평의 언약'이 종말에 제2의 다윗과 같은 메시아이신 예수님에 의해 궁극적으로 성취될 것임이 예고된다고 말할 수 있다. 결국, 예수님께서 예루살렘 입성 시 평화를 상징하는 나귀 새끼를 타고 오셨으며, 십자가의 희생을 통한 평화로운 방법으로 구원을 이루신다.(누가복음 22:20, 참조. 고린도전서 11:25).

(2) 화평의 언약과 노아 언약

그런데 이 '화평의 언약'이라는 용어는 다윗 언약뿐만 아니라, 노아 언약에까지 거슬러 올라가 찾아볼 수 있다.6 곧 이사야 54:9-10: "내가 다시는 노아의 홍수로 땅 위에 범람하지 못하게 하리라 맹세한 것 같이 내가 네게 노하지 아니하며 너를 책망하지 아니하기로 맹세하였노니… 나의 자비는 네게서 떠나지 아니하며 나의 화평의 언약은 흔들리지 아니하리라." 여기

---

6) 참조. Ibid.

서 이사야 선지자는 곧 멸망할 이스라엘을 하나님께서 다시 구원하시겠다는 약속을 노아 언약에 근거하여 하는데, 바로 그 노아 언약 역시 화평의 언약이었음을 확인해준다. 그런데 노아 언약의 중요한 특이점은 사람뿐만 아니라, 짐승 역시 대상으로 한다는 사실이다. 즉 창세기 9:8-11: "하나님이 노아와 그와 함께 한 아들들에게 말씀하여 이르시되 내가 내 언약을 너희와 너희 후손과 너희와 함께 한 모든 생물 곧 너희와 함께 한 새와 가축과 땅의 모든 생물에게 세우리니 방주에서 나온 모든 것 곧 땅의 모든 짐승에게니라 내가 너희와 언약을 세우리니 다시는 모든 생물을 홍수로 멸하지 아니할 것이라 땅을 멸할 홍수가 다시 있지 아니하리라."

(3) 화평의 언약과 모세 및 기타 언약

단지 사람뿐만이 아닌 짐승 또는 자연과의 우주적 평화를 함의하는 이러한 노아 언약의 약속과 유사한 내용이 모세 언약에도 등장한다. 곧 모세의 저작 중 하나인 레위기 26장 3-6, 9절은 이렇게 말한다. 즉 "너희가 내 규례와 계명을 준수하면 내가 너희에게 철따라 비를 주리니 땅은 그 산물을 내고 밭의 나무는 열매를 맺으리라… 너희가 음식을 배불리 먹고 너희의 땅에 안전하게 거주하리라 내가 그 땅에 평화(샬롬)를 줄 것인즉 너희가 누울 때 너희를 두렵게 할 자가 없을 것이며 내가 사나운 짐승을 그 땅에서 제할 것이요.··· 내가 너희를 돌보아 너희를 번성하게 하고 너희를 창대하게 할 것이며 내가 너희와 함께 한 내 언약을 이행하리라." 따라서, 비록 화평의 언약이라는 단어가 직접적으로 사용되지는 않았더라도, 모세 언약 역시 자연과의 조화와 더불어 번성과 형통을 포괄하는 '평화'를 약속하는 화평의 언약이라고 말할 수 있을 것이다. 또한, 마찬가지의 유사한 내용으로 번성과 형통의 축복을 약속하고 있는 아담 언약(창 1:28), 아브라함 언약(창 17:6-7)도 '화평의 언약'으로 볼 수 있을 것이다. 결론적으로 성경의 모든 주요 언약에 '화평의 언약'이라는 개념이 적용될 수 있는 것이다.

(4) 샬롬의 다차원적 함의

에스겔서 본문은 다음과 같이 샬롬의 다차원적인 의미를 드러낸다:

1) 하나님과의 평화로운 관계- 14절: "나 여호와는 그들의 하나님이 되고," 30절: "그들이 내가 여호와 그들의 하나님이

며 그들과 함께 있는 줄을 알고 그들 곧 이스라엘 족속이 내

백성인 줄 알리라 주 여호와의 말씀이라."

2) 타인과의 평화로운 관계- 27절: "내가 그들의 멍에의 나무를

꺾고 그들을 종으로 삼은 자의 손에서 그들을 건져낸 후에,"

28절: "그들이 다시는 이방의 노략거리가 되지 아니하며."

3) 자연과의 평화로운 관계- 25절: "악한 짐승을 그 땅에서 그치

게 하리니," 28절: "땅의 짐승들에게 잡아먹히지도 아니하고."

4) 개인적 안녕과 형통- 27절: "밭에 나무가 열매를 맺으며 땅이

그 소산을 내리니 그들이 땅에서 평안할지라," 29절: "파종할

좋은 땅을 일으키리니 그들이 다시는 그 땅에서 기근으로 멸망

하지 아니하며."

2. 구약 성경에서 샬롬의 의미

(1) 샬롬의 총체적 평화 개념

히브리어 '샬롬'은 동사 '샬람'에서 형성되었는데, 그것은

'어떤 것을 완전하게 만든다,' 혹은 '어떤 것을 온전하게 만든

다.'는 뜻을 지닌다. 따라서 샬롬은 기본적으로 '완전함'이나 '온

전함' 또는 '풍부함'을 의미한다.[7] 이런 기본적 의미와 앞에서

---

7) 페리 요더(Perry Yoder)/ 윌라드 스와틀리, 『평화의 의미』, 신상길/ 소기천 역

말한 다차원적 의미를 종합하여 볼 때, 샬롬은 단순히 전쟁이 없는 상태, 또는 "사회의 질서가 잘 유지되어 안정된 상태 정도를 뜻하는 것이 아니라, 사람이 이 세상에서 바랄 수 있는 가장 완전한 상태를 뜻하는 말로, 이는 오직 한 분 창조주 하나님의 다스림을 받는 세계의 질서라고 할 수 있다."[8] 즉 개인의 "몸과 마음이 건강할 뿐만 아니라 사회의 정치, 경제, 종교, 교육… 등 모든 분야에서, 심지어는 동물, 식물, 광물을 비롯한 온 창조세계에 이지러짐이나 일그러짐이 없이 안전과 번영과 기쁨과 자유와 소통과 사랑과 정의와 화해와 조화가 보장된 행복한 상태를 통틀어 가리키는 것으로 이해할 만하다."[9]

대조적으로, 노르웨이의 세계적인 평화학자 요한 갈퉁(Johan Galtung)은 우리의 흔한 평화 이해를 '소극적 평화'(negative peace)라고 규정하며 이렇게 정의한다: "평화란 조직적이고, 집단적인 폭력의 사용이나 위협이 존재하지 않는 인간들 특히 민족이라는 큰 집단의 체제 내에서의 상태이다."[10] 즉 우리는

(서울: 한국장로교출판사, 2003), 33; 박동현, "구약성서의 평화," 박경수 편, 『하나님 나라와 평화』(서울: 대한기독교서회, 2017), 67.

8) 박동현, "구약성서의 평화," 67.

9) Ibid.

10) 두흐로(U. Duchrow)/ 리드케(G. Liedke), 『샬롬』, 손규태/ 김윤옥 역(서울: 한국신학연구소, 1994), 115에서 재인용.

어떤 직접적이며 물리적인 폭력, 대표적으로 국가 간의 전쟁이 없는 상태를 일반적으로 평화라고 생각한다는 것이다. 하지만, 갈퉁은 우리의 자아실현을 가로막는 모든 것을 폭력으로 규정하면서, 평화의 개념을 확대하여 단순히 직접적이며 물리적인 폭력뿐만 아니라, 경제적 불의와 사회적 차별 등과 관련된 간접적이며 구조적이고 문화적인 폭력, 더 나아가서는 자연과 관련된 생태적인 폭력까지도 없는 상태를 가리키는 '적극적 평화'(positive peace) 개념을 제시했는데[11], 이것은 구약 성경의 '샬롬'이라는 총체적 평화 개념과 맞닿아 있다고 할 수 있다.

(2) 샬롬의 인사 및 기타 다양한 뜻

구약 성경에서 '샬롬'이라는 단어는 다음과 같이 문안의 인사에 흔히 사용되며, '평화, 평안, 안녕, 안부, 형통' 등의 유사하면서도 다양한 뜻을 지니며 또한 그렇게 번역된다.[12]

창세기 29:6- "야곱이 그들(목자들)에게 이르되 그(라반)가

---

11) Balijt Grewal, "Johan Galtung: Positive and negative peace" (2003), https://buildingpeaceforum.com/no/fred/Positive_Negative_peace.pdf (accessed June 30, 2024)

12) 참조. Willard Swartley, *Covenant of Peace*, 28.

평안하냐 이르되 평안하니라."

창세기 43:27- "요셉이 그들(형제들)의 안부를 물으며 이르되 너

　　희 아버지 너희가 말하던 그 노인이 안녕하시냐 생존해

　　계시느냐."

출애굽기 18:7- "모세가 그의 장인을 맞아 절하고 그에게 입 맞

　　추고 그들이 서로 문안하고 함께 장막에 들어가서."

사무엘상 17:18- "(이새가 그의 아들 다윗에게 이르되) 네 형들

　　의 안부를 살피고."

민수기 6:26- "여호와는 그 얼굴을 네게로 향하여 드사 평강 주

　　시기를 원하노라."

예레미야 9:8- "입으로는 그 이웃에게 평화를 말하나 마음으로

　　는 해를 꾸미는도다."

시편 30:6- "내가 형통할 때에 말하기를 영원히 흔들리지 아니하

　　리라 하였도다."

(3) 샬롬과 전쟁

　　샬롬이 전쟁이 없는 상태만을 가리키지는 않지만, 그것을

포함한다.13 즉 사무엘상 7:13-14: "이에 블레셋 사람들이 굴

---

13) 참조. 박동현, "구약성서의 평화," 68.

복하여 다시는 이스라엘 지역 안에 들어오지 못하였으며… 또 이스라엘과 아모리 사람 사이에 평화가 있었더라."; 열왕기상 5:2-4: "이에 솔로몬이 히람에게 사람을 보내어 이르되… 내 아버지 다윗이 사방의 전쟁으로 말미암아… 성전을 건축하지 못하고… 이제 내 하나님 여호와께서 내게 사방의 태평을 주시매 원수도 없고 재앙도 없도다."; 그리고 전도서 3:8: "사랑할 때가 있고 미워할 때가 있으며 전쟁할 때가 있고 평화할 때가 있느니라." 또한, 메시아가 도래하는 이상적 모습을 예언하는 다음 이사야 2:4을 참조하라. 즉 "칼을 쳐서 보습을 만들고 그들의 창을 쳐서 낫을 만들 것이며 이 나라와 저 나라가 다시는 칼을 들고 서로 치지 아니하며 다시는 전쟁을 연습하지 아니하리라."

그런데, 평화가 전쟁과 반대되는 의미이지만, 다른 한편으로, "평화를 이루기 위해서는 어떤 경우는 어쩔 수 없이 악한 세력을 물리치기 위한 전쟁이 선행되어야 하는 것 아니냐?"라는 질문이 제기될 수 있다. 또한 이와 관련하여 구약 성경에서의 헷, 아모리, 가나안, 브리스, 히위, 여부스 족속 등에 대해 남자뿐만 아니라, 여자와 유아와 가축에 이르기까지 모든 호흡이 있는 것을 진멸하라는 명령(신명기 20장; 삼상 15장)과 "눈은 눈으로, 이는 이로 갚으라."(라틴어 lex talionis- '동해보복법,' 출 21:24, 레 24:20, 신 19:21)는 율법은 전쟁과 폭력을 정당화하지 않는가? 이에 대해서는 제6장에서 정당한 전쟁론과 평화주의에 대해 이야기할 때 좀 더 상론할 것이다.

그러나, 기본적으로 우리는 신약성경 마태복음 5장 38-48절의 예수님의 산상수훈에 해석학적 우선순위를 두는 일이 필요하다. 따라서 구약 성경을 볼 때도, 예수님의 이런 원수 사랑의 비폭력 '평화주의' 관점이 요구된다. 그렇지 않을 경우 1945년 일본 나가사키에 원자탄을 투하한 가톨릭교도 폭격기 조종사를 위해 미사를 집전했던 군종 사제였던 조지 자벨카(George Zabelka)의 다음과 같은 회개를 반복하게 될 것이다.

"내가 보는 바로는, 민간인의 대량 학살에 대해 철저한 도덕적 부패를 말하지 않았던 것은 그리스도인으로서 그리고 사제로서의 실패였다.··· 나는 그곳에 있었다. 그리고, 적의 민간인에게 대량 학살의 폭격을 가한 것과 관련하여 교회에서 돌고 있는 도덕적 분위기는 완전한 무관심과 침묵이었고, 잘해 봐야 타락이었다고 말씀드리고 싶다. 최악의 상태는, 교회가 그런 행위를 하는 자들을 축복함으로써 이 행위를 종교적으로 지원한 것이다.··· 내가 가톨릭 교회 도덕성의 가장 낮은 기준으로라도 가톨릭교도들이 같은 가톨릭교도들에게 폭탄을 투하해서는 안 된다고 제안할 수 있었다고 생각하는 사람도 있을 것이다. 그러나 나는 그렇게 하지 않았다. 나는, 나가사키의 비행기, '위대한 숙련가'의 가톨릭교도 조종사처럼, 1,700여 년 동안 복수, 살인, 고문, 권력 추구, 지배적 폭력을 우리 주님의 이름으로 모두 저질러 온 기독교의 상속자 중 한 사람이었다.… 콘스탄틴과 더불어 시작된 이 흉칙한 과정이 최저점에… 도달했을 때, 나는 그 곳에 있었던 가톨릭 군종 사제였다.… 주류 기독교 교회들은 그리스도가 결코 가르치지 않았고 단서조차 제공한 적이 없는 것, 곧 정당한 전쟁론을 여전히 가르친다."14

(4) 샬롬(평화)과 정의

이 주제와 관련된 대표적인 교훈으로서 다음과 같은 이사야서의 구절들을 들 수 있다. 즉 이사야 32:17: "공의의 열매는 화평이요 공의의 결과는 영원한 평강과 안전이라"; 이사야

---

14) George Zabelka, "I Was Told It Was Necessary" [Interview], *Sojourners* 9/8 (1980): 14, 리처드 헤이스(Richard Hays), 『신약의 윤리적 비전』, 유승원 역(서울: 한국기독학생회출판부, 2002) 489-490에서의 재인용과 마지막 문장에 대한 필자의 원문에 근거한 보충 번역.

9:6-7: "한 아기가 우리에게 났고··· 평강의 왕이라.··· 그 정사
와 평강의 더함이 무궁하며··· 이후로 영원히 정의와 공의로 그
것을 보존하실 것이라"; 그리고 이사야 65:21-22: "그들이 가옥
을 건축하고 그 안에 살겠고 포도나무를 심고 열매를 먹을 것
이며 그들이 건축한 데서 타인이 살지 아니할 것이며 그들이
심은 것을 타인이 먹지 아니하리니." 종말에 임할 새 예루살렘
의 평화로운 상태를 묘사하는 마지막 구절에서 우리는 '정의'
의 가장 기본적인 의미는 타인에게 빼앗기지 않고 자기 손으로
생산한 것을 누리는 것임을 알 수 있다. 또한 첫째와 둘째 구절
에 근거하여 샬롬(평화)을 위해서는 반드시 정의가 전제되어
야 한다고 말할 수 있으며, 따라서 "때로는 불의하더라도 기존
질서를 유지해야 교회와 사회의 평화를 지킬 수 있다."[15]라는
식의 주장은 허구라고 결론내릴 수 있다.

3. 예수님과 관련된 샬롬의 종말론적 예언: 스가랴 9:9-10

이 구절은 다음과 같다: "시온의 딸아 크게 기뻐할지어다
예루살렘의 딸아 즐거이 부를지어다 보라 네 왕이 네게 임하시
나니 그는 공의로우시며 구원을 베푸시며 겸손하여서 나귀를

---

15) 박동현, "구약성서의 평화," 73.

타시나니 나귀의 작은 것 곧 나귀 새끼니라 내가 에브라임의 병거와 예루살렘의 말을 끊겠고 전쟁하는 활도 끊으리니 그가 이방 사람에게 화평(샬롬)을 전할 것이요 그의 통치는 바다에서 바다까지 이르고 유브라데 강에서 땅 끝까지 이르리라." 그런데, 이 예언은 전쟁과 폭력을 상징하는 병거와 말이 아니라 나귀 새끼를 타고 예루살렘에 입성하신 예수님에 의해 성취된다.(누가복음 19:28-44)[16]

　　하지만 누가복음 19:41-42에 따르면, 예수님은 예루살렘 백성이 그분이 가져오실 평화의 구원을 제대로 알지 못함으로 말미암아 결국 멸망할 것임을 알고 슬퍼하신다. 즉 "가까이 오사 성을 보시고 우시매 이르시되 너도 오늘 평화에 관한 일을 알았더라면 좋을 뻔하였거니와 지금 네 눈에 숨겨졌도다." 예루살렘이란, '평화의 터전'이란 뜻인데, 현재까지 이슬람교도인 팔레스타인들과 가장 악명 높은 대치로, 오히려 분쟁의 상징이 되고 있다. 이슬람 역시 '평화'라는 의미이다. 곧 '예루살렘'이라는 단어의 뒷부분의 히브리어 '살렘'과 아랍어 '이슬람,' 그리고 히브리어 '샬롬'은 모두 '평화'를 뜻하는 셈족어로서 같은 어근을 지니고, 발음도 유사한 것이다. 본래의 의미대로 유

---

16) Willard Swartley, *Covenant of Peace*, 113.

대교와 이슬람교 양 종교 모두 평화의 종교가 되며, 이스라엘
도 평화의 나라가 되길 소망한다.

3장 • 공관복음서의 평화

이제 신약성경으로 넘어와서, 공관복음서, 즉 마태, 마가, 누가복음에 나타나는 평화 개념을 살핀다. 요한복음에 대해서는 요한문헌에서 다룬다. 마태복음에서는 원수사랑과 비폭력의 교훈, 마가복음에서는 십자가의 희생과 섬김을 통한 예수님의 평화의 길, 누가복음에서는 만물의 평화의 왕으로서의 예수님에 대한 묘사 등에 대해 살핀다.

1. 마태복음: 평화와 원수사랑

마태복음 5장 9절은 "화평하게 하는 자(peacemaker, NIV. 17 ; 헬라어 '에이레노포이스')는 복이 있나니 그들이 하나님의 아들이라 일컬음을 받을 것임이요."라고 말한다. 그런데 '화평

---

17) 영어 성경 New International Version.

하게 하는 자'가 되기 위해 '원수사랑'이 필요함을 교훈한다. 즉 조금 뒤의 마태복음 5장 43-45절의 원수사랑에 관한 말씀은 다음과 같다. "또 네 이웃을 사랑하고 네 원수를 미워하라 하였다는 것을 너희가 들었으나 나는 너희에게 이르노니 너희 원수를 사랑하며 너희를 박해하는 자들 위하여 기도하라 이같이 한즉 하늘에 계신 너희 아버지의 아들이 되리니." 여기서 성부 하나님의 자녀가 되는 증표로서 '화평하게 하는 자'가 되는 일과 '원수사랑'을 실천하는 일 양자 모두가 필요한 것으로 나오며, 따라서 양자는 동일시된다고 볼 수 있다.18

2. 원수사랑 교훈의 독특성과 구체적 사례

쿰란 문헌(사해 근처 쿰란 지역에서 은둔 공동체를 형성했던 유대교의 대표적 분파의 하나인 에세네파의 문헌)에 보면, 의의 자녀들이 어둠의 자녀들에 대한 복수를 맡은 것으로 나온다. 또한 마카비안(수리아의 안티오쿠스 4세의 제우스 숭배 강요에 맞선 무장혁명에서 주전 162년 마침내 승리를 쟁취한 지도자 유다 마카비를 추종하는 자를 지칭함)은 율법에 대한 열정을 이방의 정치적 억압에 대항하는 전투로 대체하게 한다.

---

18) Willard Swartley, *Covenant of Peace*, 57.

고든 저브(Gordon Zerbe)는 주전 200년에서 주후 100년까지의
유대 문헌을 검토한 뒤, 비록 적과 해코지하는 자들에 대해 선
한 의지와 친절한 행동을 권고하는 내용들이 많기는 하지만,
"원수를 사랑하라는 명백한 권고가 초기 유대주의에게 있었다
는 증거는 없었다."라고 결론짓는다.

다른 한편, 헬라 문헌(플루타크, 무소니우스, 루퍼스)에서
특정한 복수를 하지 못하도록 한 것을 발견할 수 있지만, 원수
를 사랑하라는 적극적인 계명은 예수님에게서만 독특하게 나
오는 것이다. 이슬람 문헌 역시 여러 곳에서 원수에게 친절을
베풀라는 말이 나오지만 원수를 사랑하라고 권고하지는 않는
다.[19]

다음으로, 원수사랑의 구체적 사례가 나오는 아래의 마태
복음과 누가복음의 두 본문과 그 내용을 살펴본다.

(1) 마태복음 5:38-44

1) 오른편 뺨을 치거든 왼편도 돌려 댐. 그런데, 상대방의 오른편
   뺨을 치려면, 오른쪽 손등을 사용해야 하는데 그것은 당시 매

---

19) 윌라드 스와틀리, 『당신의 빛을 비추소서』, 50-51.

우 모욕적 행위였음.[20]

2) 고발하여 속옷을 가지고자 하는 자에게 겉옷까지도 가지게
함.

3) 억지로 오 리를 가게 하거든 그 사람과 십 리를 동행함. 이것은
당시 로마 군대의 부역 동원을 배경으로 함.[21]

4) 구하는 자에게 주며, 꾸고자 하는 자에게 거절하지 않음.

5) 박해하는 자를 위하여 기도함.

(2) 누가복음 6:27-36

1) 이 뺨을 치는 자에게 저 뺨도 돌려 댐.

2) 겉옷을 빼앗는 자에게 속옷도 거절하지 않음.

3) 구하는 자에게 주며, 네 것을 가져가는 자에게 다시 달라 하지
말고, 아무 것도 바라지 않고 꾸어 줌.

4) 너희를 미워하는 자를 선대하며, 저주하는 자를 위하여 축복
하고, 모욕하는 자를 위하여 기도함.

이러한 원수사랑의 실천들은 상대의 공격에 맞서지 않음

---

20) 월터 윙크(Walter Wink), 『사탄의 체제와 예수의 비폭력』, 한성수 역(고양:
한국기독교연구소), 2013, 325.

21) Ibid., 333.

으로 폭력의 악순환을 끊고, 상대를 무장 해제하며 긴장을 풀게 함으로, 결국 평화로운 관계를 가져오게 한다.[22]

3. 그 밖의 평화와 관련된 논의

(1) 예배에 선행되는 요건인 평화

다른 한편, 마태복음은 "인간 간의 평화"를 하나님께 대한 예배에 선행되어야 할 요건으로 제시할 정도로 강조한다. 즉 마태복음 5:23-4은 "그러므로 예물을 제단에 드리려다가 거기서 네 형제에게 원망들을 만한 일이 있는 것이 생각나거든 예물을 제단 앞에 두고 먼저 가서 형제와 화목하고 그 후에 와서 예물을 드리라."라고 말한다. 한국교회는 "인간과 하나님 사이의 수직적 평화"와 관련된 예배를 그 무엇보다 중시하지만, 그에 선행되어야 할 "인간과 인간 사이의 수평적 평화"는 덜 중시하는 경향이 있다. 기독교인들은 습관적으로 그리고 열의 있게 예배에 참여하는 것도 중요하지만, 그와 더불어 평소 생활 가운데 모든 사람과 화목한 관계를 이루는 일에 힘써야 할 것이다.

---

22) 참조. 글렌 스타센(Glen Stassen)/ 데이비드 거쉬(David Gushee), 『하나님의 통치와 예수 따름의 윤리』, 신광은/ 박종금 역 (대전: 대장간, 2011), 190-1.

(2) 바리새인에 대한 비난의 문제

앞에서 살핀 마태복음에 나타난 예수님의 평화 교훈은 언뜻 보기에 마태복음 23장의 서기관과 바리새인에 대한 통렬한 저주의 말씀과 부조화 되는 것으로 여겨질 수 있다. 즉, 마태복음 23장에서 예수님은 그들에게 "화 있을진저"라며 6차례나 저주를 퍼부으시며, 그들을 "외식하는 자"와 "어리석은 맹인," 그리고 "회칠한 무덤" 등으로 표현하시고, 심지어는 "뱀들아 독사의 자식들아"라고 지칭하신다.

그런데, 예수님의 이런 신랄한 비난은 이스라엘 전체에 대한 것이 아니라, 그 지도자들에 대한 심판으로서 구약의 예언자들의 전통을 따른 내부 비판으로 볼 수 있다.[23] 예를 들어, 에스겔 34:2-4은 다음과 같다. 즉 "인자야 너는 이스라엘 목자들에게 예언하라.… 자기만 먹는 이스라엘 목자들은 화 있을진저 … 너희가 살진 양을 잡아 그 기름으로 먹으며 그 털을 입되 양 떼는 먹이지 아니 하는도다 너희가 그 연약한 자를 강하게 아니하며 병든 자를 고치지 아니하며… 다만 포악으로 그것들을 다스렸도다." 서양 문화에서 사랑이란 다른 사람에게 흔히 "상냥한 것"(being nice)을 의미하지만, 사랑은 때로 가혹한 표현

---

23) Willard Swartley, *Covenant of Peace*, 70.

으로 상대방의 변화와 회개를 촉구하는 일일 수 있는 것이다.24

(3) 평화와 검

또한, 공관복음서의 평화는 "검"이 상징하는 폭력 사용의 자제를 가르친다.25 즉 마태복음 26:52-53은 "이에 예수께서 이르시되 네 칼을 도로 칼집에 꽂으라 칼을 가지는 자는 칼로 망하느니라 너는 내가 내 아버지께 구하여 지금 열두 군단 더 되는 천사를 보내시게 할 수 없는 줄로 아느냐."라고 말한다. 요한복음 18:36은 "예수께서 대답하시되 내 나라는 이 세상에 속한 것이 아니니라 만일 내 나라가 이 세상에 속한 것이었다면 내 종들이 싸워 나로 유대인들에게 넘겨지지 않게 하였으리라 이제 내 나라는 여기에 속한 것이 아니니라."라고 말하는데, 이것은 당시 예수님의 인기가 꽤 높았으며, 마음만 있으셨다면, 상당 정도의 무력 사용도 가능했음을 암시한다.

그렇다면, 언뜻 보기에 폭력 사용을 권고하는 듯이 보이는 다음의 누가복음 22장 36절을 어떻게 이해해야 할까? 즉 "이르시되 이제는 전대 있는 자는 가질 것이요 배낭도 그리하고 검

---

24) 윌라드 스와틀리, 『당신의 빛을 비추소서』, 62.
25) Ibid., 58-9.

없는 자는 겉옷을 팔아 살지어다." 이것은 사역 초기 제자들에
게 전도 여행 시 전대와 배낭, 두벌 옷 등 아무 것도 준비하지 말
라고 한 것과 대조된다.(누가복음 9:3; 마태복음 10:9-10; 마가
복음 8:8-9) 이 구절은 예수님의 체포 이후에 제자들이 직면할
냉혹한 핍박과 반대를 예고하는 가운데 방어적 대비태세를 말
씀하는 것이지 무력 사용을 권장하는 의도를 지닌 것은 아니라
고 생각할 수 있다.26 이어지는 37절은 칼을 준비하는 것이 일
차적으로 예수님이 '불법자의 동류'로 여김을 받을 것이라는
구약 예언의 성취를 위함임을 명시한다.(참조. 이사야 53:12)
또한, 50-51절은 베드로가 대제사장의 종인 말고(요 18:10)의
오른쪽 귀를 잘랐을 때, 예수님이 다시 회복시키시는 이적을
행한 것으로 보고한다.

4. 마가복음: 평화를 위한 십자가의 희생과 섬김

특별히 마가복음 8-10장에서 예수님이 당시 유대에 널
리 퍼진 "군사적 정복자"로서의 메시아가 아니라, 십자가의 희
생과 섬김을 통한 "평화의 메시아"이심이 집중적으로 묘사된

---

26) 리처드 헤이스, 『신약의 윤리적 비전』, 510.

다.27 주요한 세 구절을 차례로 살펴본다.

(1) 마가복음 8:27-38

베드로는 예수님이 메시아(그리스도)이심을 잘 알고 있었지만(29절), 그분이 고난 중에 십자가에 달려 죽으실 것을 예고하자(31절) 예수님께 항변한다.(32절) 이것은 수제자인 그 역시 예수님이 이사야 53장에 묘사된 고난 받는 어린 양으로서의 메시아이심을 몰랐음을 암시한다.

예수님의 열두 제자 중에 과거 마카비안의 무력 혁명을 재현하려는 "열심당원"(한글 개역 개정 "셀롯," 영어 zealot; 헬라어 "제로테스") 출신 시몬이 있었다.(즉 "셀롯이라는 시몬," 누가복음 6:15; 사도행전 1:13) 마가복음 3:18과 마태복음 10:4의 "가나나인 시몬"이라는 칭호 중 "가나나인"이라는 말은 제로테스의 아람어에서 온 것이다. 사도행전 5:37에 나온 "갈릴리의 유다"는 열심당의 지도자로서 이스라엘의 로마에 대한 무장 독립투쟁을 이끌었다. 그를 따른 자가 약 2만 명이었다고 한다.28

---

27) 참조. Willard Swartley, *Covenant of Peace*, 101.

28) 참조. 이문식, "예수는 누구인가 5, 6강- 열심당과 예수, 예수의 제자들과 열심당," CBS 성서학당, https://www.youtube.com/@cbsbibleschool (accessed

군중의 선택으로 예수님 대신 풀려났으며 한글 성경에 "강도"(요한복음 18:40)라고 번역된 바라바 역시 열심당원이었을 가능성이 있다. 마가복음 15:7("민란을 꾸미고 그 민란 중에 살인하고 체포된 자 중에 바라바라 하는 자가 있는지라")은 그를 단순 강도가 아님을 알려준다.(또한 누가복음 23:19) "강도"로 번역된 단어의 헬라어는 "레스테스"인데, 그것은 "혁명가" 또는 "반란자"라는 뜻도 지닌다.29 역사가 요세푸스는 "레스테스"를 일관되게 열심당원에 대해 사용한다.30 베드로 역시 고난 받는 메시아에 대한 반대와, 예수님의 체포 시 대제사장 말고의 귀를 자르는 행위를 한 것으로 보아, 열심당적 성향이 있었던 것으로 보이며, 다른 제자들도 서로 누가 더 우월하며, 높은 자리를 차지할지에 큰 관심을 가진 것으로 보아, 별반 다르지 않다.

(2) 마가복음 9:33-37

제자들이 길에서 서로 누가 크냐 하고 쟁론할 때 예수님은

June 30, 2024)

29) Walter Bauer, *A Greek-English Lexicon of the New Testament and Other Early Christian Literature* (Chicago [etc.]: The University of Chicago Press, 1979), 473.

30) 비슬리 머리(G. R. Beasley-Murray), 『요한복음』, 이덕신 역(서울: 도서출판 솔로몬, 2001), 617.

"누구든지 첫째가 되고자 하면 뭇 사람의 끝이 되며 뭇 사람을 섬기는 자가 되어야 하리라 하시고… 누구든지 내 이름으로 이런 어린 아이 하나를 영접하면 곧 나를 영접함이요."라고 교훈하신다.

(3) 마가복음 10:35-45

또한, 세베대의 아들 야고보와 요한이 예수님께서 영광의 자리에 오르실 때 좌우편에 앉게 해달라고 요청하여 다른 제자들이 화를 낼 때, 이렇게 말씀하신다. 즉 "예수께서 불러다가 이르시되 이방인의 집권자들이 그들을 임으로 주관하고 그 고관들이 그들에게 권세를 부리는 줄을 너희가 알거니와 너희 중에는 그렇지 않을지니 너희 중에 누구든지 크고자 하는 자는 너희를 섬기는 자가 되고 너희 중에 누구든지 으뜸이 되고자 하는 자는 모든 사람의 종이 되어야 하리라 인자가 온 것은 섬김을 받으려 함이 아니라 도리어 섬기려 하고 자기 목숨을 많은 사람의 대속물로 주려 함이니라."

5. 누가복음: 만물의 평화의 왕에 대한 찬양

누가복음에서 '에이레네'(평화)가 14회나 나오며 강조된다.(1:79; 2:14, 29; 7:50; 8:48; 10:5-6; 11:21; 12:51; 14:32; 19:38, 42; 24:36) 반면, 형용사, 동사, 복합어 등의 파생어를 포함하여 마태복음에는 5회, 마가복음에는 2회, 요한복음에는 6회 나온다.[31]

특별히 시작부의 예수님의 출생 시 천군과 천사들의 노래를 묘사하는 누가복음 2:14은 "지극히 높은 곳에서는 하나님께 영광이요 땅에서는 하나님이 기뻐하신 사람들 중에 평화로다."라고 말하며, 종결부의 예수님의 예루살렘 입성 시 제자 무리의 외침인 누가복음 19:38은 "이르되 찬송하리로다 주의 이름으로 오시는 왕이요 하늘에는 평화요 가장 높은 곳에서는 영광이로다 하니."라고 말한다. 대조적으로, 마태복음 21장, 마가복음 11장, 요한복음 12장에서는 예수님의 예루살렘 입성 시 무리가 "호산나 찬송하리로다."라고만 외치며, '평화'에 관한 언급은 안 나온다.[32]

누가복음 2:14 중 "땅에서는… 평화로다"라는 구절과 19:38 중 "하늘에는 평화요"라는 구절은 예수님께서 평화의 왕으로서 하늘과 땅, 곧 만물에 전 우주적인 평화를 가져오시는

31) Willard Swartley, *Covenant of Peace*, 42.
32) Ibid., 127.

분이심을 묘사한다고 볼 수 있다. 또한, 누가복음 1:79의 사가 랴의 메시아의 탄생을 찬미하는 노래("우리 발을 평강의 길로 인도하시리로다."), 2:14의 천군과 천사들의 노래, 19:38의 제자 들의 찬송 등 주요 구절에서 "노래"의 형식으로 예수님이 평화 의 왕이심이 선포되는 점이 인상적이라고 지적할 수 있다.

더욱이, 이어지는 누가복음 19:39-40을 보면, 바리새인들 이 예수님께 제자 무리의 이러한 외침을 제지할 것을 요청할 때, 이렇게 답하시는 것은 매우 극적이다. 즉 "만일 이 사람들이 침묵하면 돌들이 소리 지르리라 하시니라."

결론적으로, 이것은 기독교인들이 예수님이 평화의 왕이 심을 노래하는 일을 결코 멈추지 않아야 함을 메시지로 준다. 또한, 마태복음과 마가복음 단락에서 살펴본 대로, 공관복음 서는 기독교인들이 예수님의 원수사랑과 희생, 그리고 섬김의 방식으로 이 땅에서 평화를 일구는 자들이 되길 촉구한다.

4장 • 바울서신의 평화

이번 장에서는 바울서신에 대해 고찰한다. 신약의 에이레네와 그 파생어의 용례 총 100회 중 48회가 바울서신에 나올 정도로 평화가 강조되고 깊이 있게 다루어진다.[33] 먼저, '평화의 하나님'(호 데오스 테스 에이레네스)이라는 반복적으로 나타나는 어구를 출발점으로 고찰한다. 다음으로, 평화의 하나님, 타인, 자연 혹은 만물과의 관계적 차원을 살핀다. 또한, '팍스 로마나'(Pax Romana, '로마의 평화')와 '예수의 평화'를 대조한다.

1. 평화의 하나님

바울서신에 '평화(평강, 화평)의 하나님'(호 데오스 테스

---

33) Ibid., 42, 191.

에이레네스) 또는 그 동의어인 '평화의 주(호 퀴리오스 테스 에
이레네스)'라는 용어가 아래와 같이 7번 나온다.

(1) 로마서 15:33- "평강의 하나님께서 너희 모든 사람과 함
께 계실지어다 아멘."

(2) 로마서 16:20- "평강의 하나님께서 속히 사탄을 너희 발 아래
에서 상하게 하시리라 우리 주 예수의 은혜가 너희에게 있을
지어다."

(3) 고린도전서 14:33- "하나님은 무질서의 하나님이 아니시요
오직 화평의 하나님이시니라."

(4) 고린도후서 13:11- "또 사랑과 평강의 하나님이 너희와 함께
계시리라 거룩하게 입맞춤으로 서로 문안하라."

(5) 데살로니가전서 5:23- "평강의 하나님이 친히 너희로 온전히
거룩하게 하시고..."

(6) 데살로니가후서 3:16- "평강의 주께서 친히 때마다 일마다
너희에게 평강을 주시고 주께서 너희 모든 사람과 함께 하시
기를 원하노라."

(7) 빌립보서 4:9- "너희는 내게 배우고 받고 듣고 본 바를 행하
라 그리하면 평강의 하나님이 너희와 함께 계시리라."

'평화의 하나님'이라는 용어는 그 외 신약에는 히브리서에
만 1회 나오며, 구약에는 없고, 위경인 '단의 언약서'(Testament
of Dan)에도 단지 1번만 나온다. 대신 유사한 표현으로 구약에
는 '진실의 하나님'(신 32:4), '진리의 하나님'(이사야 65:16), '영
광의 하나님'(시 29:3), '용사로서의 하나님'(출 15:3) 등이 나오
며, 바울서신에는 '소망의 하나님'(롬 15:13)과 '사랑의 하나님'(
고후 13:11)이 각각 단 1회 씩 나온다.34

　바울서신에서 '그리스도의 평강'(골 3:15)과 '그(예수 그리
스도)는 우리의 화평이신지라'(엡 2:14), '그리스도 예수 우리
주께로부터의 평강'(딤전 1:2)이라는 표현에서 바로 '평화'를
예수님의 주요 속성으로 여긴 것처럼, '하나님의 평강'(빌 4:7)
과 '하나님 아버지께로부터의 평강'(딤전 1:2)이라는 표현과
더불어 '평화의 하나님'이라는 용어는 그것을 성부 하나님의
주요 속성으로 여기고 있다.

　이러한 예수님과 하나님 양자 모두의 속성인 평화에 기초
하여 바울서신은 우리 인간에게도 평화를 요구하며, 더 나아가
우주 만물의 평화에 대해 이야기한다. 이제 바울서신에서 발견
할 수 있는 하나님과의 평화, 인간들 간의 평화, 만물의 평화에

---

34) Ibid., 208-10.

대해 차례로 논의한다.

2. 하나님과의 평화

먼저, 기독교의 핵심 교리 중 하나인 "칭의"와 관련하여 하나님과의 평화라는 주제를 논의한다. 로마서 5:1, 10은 "우리가 믿음으로 의롭다 하심을 받았으니 우리 주 예수 그리스도로 말미암아 하나님과 화평을 누리자.··· 곧 우리가 원수 되었을 때에 그의 아들의 죽으심으로 말미암아 하나님과 화목하게 되었은즉 화목하게 된 자로서는 더욱 그의 살아나심으로 말미암아 구원을 받을 것이니라."라고 말한다. 또한 고린도후서 5:18은 "모든 것이 하나님께로부터 났으며 그가 그리스도로 말미암아 우리를 자기와 화목하게 하시고 또 우리에게 화목하게 하는 직분을 주셨으니."라고 말한다.

위의 인용 구절들에서 "화평을 누리자"라는 어구 중 '화평'이라는 단어는 '에이레네'이며, "화목하게 되었은즉"과 "화목하게 하시고"라는 어구들 중에 사용된 동사 단어의 부정형은 '카탈라소'이고 "화목하게 하는 직분" 중 '화목'은 그 명사형 '카탈레게'이다. 또한 골로새서 1:20에서 "화평을 이루사"에서 에이레네의 동사형인 '에이레노포이에오'가 사용되며, "화목하게 되기를 기뻐하심이라" 중 '화목하게 되다'에는 '카탈라소'의 파생어인 '아포카탈라소'가 사용된다. 따라서 '에이레네'(평화)와 '카탈레게'(화목) 또는 그 동사형들인 '에이레노포이에오'(평화롭게 하다)와 '카탈라소'(화목하게 하다)를 동의어로 볼 수 있다.

그런데, 이 두 구절에서 칭의는 법정적이 아니라 관계적인 것으로 이해된다. 첫째로, 칭의에 대한 법정적 이해를 살펴본다. 이것은 칭의를 우리가 받을 벌을 예수님이 대신 받아 하나님의 재판정에서 우리가 무죄 판결을 받고 하나님의 진노로부터 해방된 것으로 본다.(참조. 갈라디아서 3:13 "그리스도께서 우리를 위하여 저주를 받은 바 되사 율법의 저주에서 우리를 속량하셨으니"; 로마서 8:3 "율법이 육신으로 말미암아 연약하여 할 수 없는 그것을 하나님은 하시나니 곧 죄로 말미암아 자기 아들을 죄 있는 육신의 모양으로 보내어 육신에 죄를 정하사") 이러한 이해는 우리의 죄악됨과 연약함과 구원의 은혜성을 보다 절실하게 깨닫게 하는 장점이 있는 반면에, 자칫 칭의를 '의인으로 칭함 받았다'고 하는 선언으로만 이해하고, 우리가 의인됨의 실제가 무엇인지를 놓칠 수 있게 하며, 칭의 이후의 윤리적 삶을 강조하지 않을 수 있는 단점도 있다.

둘째로, 칭의에 대한 관계적 이해를 살펴본다. 이것은 칭의의 실제적 의미를 밝혀주며 칭의 이후의 윤리적 삶도 강조한다. 즉 칭의란 죄로 인해 원수되었던 하나님과의 단절된 관계를 예수님의 화목 제물되심으로 말미암아 다시 회복하는 일이며, 따라서 하나님과의 온전한 관계 속에서 그분의 주권을 인정하며 우리가 해야 할 일을 마땅히 행하는 일을 동반하는 것으로 이해된다.

그런데, 앞의 두 인용 구절은 칭의를 인간이 '하나님과 평화로운 또는 화목한 관계'를 회복하는 일로 표현하며, 따라서 칭의에 대한 관계적 이해를 나타낸다. 한국 개신교회에서 칭의에 대한 법정적 이해가 일방적으로 강조되는데, 그것은 이러한 관계적 이해에 의해 균형이 맞추어질 필요가 있다. 결론적으로는 법정적 이해와 관계적 이해 양자 모두를 통합하는 관점이 요구된다고 볼 수 있다. 실제로 앞에서 관계적 이해를 나타내는 고린도후서 5장 18절 바로 뒤의 고린도후서 5장 20절은 법정적 이해를 나타낸다. 즉 "하나님이 죄를 알지도 못하신 이를 우리를 대신하여 죄로 삼으신 것은 우리로 하여금 그 안에서 하나님의 의가 되게 하려 하심이라."[35]

---

35) 참조. 김세윤, 『칭의와 성화』(서울: 두란노, 2013), 70-88.

3. 인간들 간의 평화

앞에서 살펴본 대로, 바울서신은 예수님과 하나님의 속성이 평화임을 밝힌 뒤, 우리가 칭의를 통해 하나님과 화목한 관계를 가졌다고 말한다. 바울서신은 계속하여 이제 우리도 타인들과 평화로운 관계를 추구하는 자들이 되어야 함을 지시한다. 그 대표적 사례로서 고린도후서 5:18-19은 이렇게 말한다. 즉 "그(하나님)가 그리스도로 말미암아 우리를 자기와 화목하게 하시고 또 우리에게 화목하게 하는 직분을 주셨으니 곧 하나님께서 그리스도 안에 계시사 세상을 자기와 화목하게 하시며 그들의 죄를 그들에게 돌리지 아니하시고 화목하게 하는 말씀을 우리에게 부탁하셨느니라."

그런데, 이런 인간들 간의 평화는 다시 다음과 같이 세 가지로 나누어 볼 수 있다.

(1) 신자들 상호 간의 평화- 데살로니가전서 5:13: "사랑 안에서 가장 귀히 여기며 너희끼리 화목하라"; 로마서 14:19: "그러므로 우리가 화평의 일과 서로 덕을 세우는 일을 힘쓰나니"; 에베소서 4:2-3: "서로 용납하고 평안의 매는 줄로 성령이 하나 되게 하신 것을 힘써 지키라."

(2) 이방인과 유대인의 평화– 에베소서 2:11-16: "너희는 그
때에 육체로는 이방인이요 손으로 육체에 행한 할례를 받
은 무리라 칭하는 자들로부터 할례를 받지 않은 무리라 칭
함을 받는 자들이라.… 그는 우리의 화평이신지라 둘로 하
나를 만드사 원수 된 것 곧 중간에 막힌 담을 자기 육체로
허시고… 또 십자가로 이 둘을 한 몸으로 하나님과 화목하
게 하려 하심이라 원수된 것을 십자가로 소멸하시고."

(3) 원수를 포함한 모든 사람과의 평화– 로마서 12:17-21:
"아무에게도 악을 악으로 갚지 말고 모든 사람 앞에서 선한
일을 도모하라 할 수 있거든 너희로서는 모든 사람과 더불
어 화목하라 내 사랑하는 자들아 너희가 친히 원수를 갚지
말고 하나님의 진노하심에 맡기라.… 네 원수가 주리거든
먹이고 목마르거든 마시게 하라.… 악에게 지지 말고 선으
로 악을 이기라." 이렇게 공관복음서에 나오는 예수님의 원
수사랑의 교훈이 바울서신에서도 계속되고 있는 것이다.

4. 만물의 평화

앞의 3장에서 누가복음 시작부의 "땅에서는 하나님이 기

뻐하신 사람들 중에 평화로다"(누가복음 2:14)와 종결부의 예수님의 예루살렘 입성 시 제자 무리의 외침인 "이르되 찬송하리로다 주의 이름으로 오시는 왕이여 하늘에는 평화요"(누가복음 19:38)라는 말씀에 근거하여 하늘과 땅, 곧 만물의 평화의 왕되신 예수님에 대해 고찰했다. 바울서신 역시 예수님을 통해 이루어지는 우주적 평화에 대해 묘사한다. 그 대표적 사례로서 골로새서 1:16, 20은 이렇게 말한다. 즉 "만물이 그에게서 창조되되 하늘과 땅에서 보이는 것들과 보이지 않는 것들과 혹은 왕권들이나 주권들이나 통치자들이나 권세들이나 만물이 다 그로 말미암고 그를 위하여 창조되었고… 그의 십자가의 피로 화평을 이루사 만물 곧 땅에 있는 것들이나 하늘에 있는 것들이 그로 말미암아 자기와 화목하게 되기를 기뻐하심이라"(참조. 에베소서 1:21-23).

그런데, 만물의 평화는 다음과 같이 자연의 평화, 그리고 개인의 범위를 넘어선 사회구조적 평화라는 주제로 나누어 볼 수 있다.

(1) 자연의 평화
바로 이어지는 골 1:23은 예수님의 평화의 복음의 대상이 인간만이 아닌 자연도 포함한다는 사실을 암시한다. 즉 "이 복음은 천하 만민(원문 헬라어에서는 '모든 피조물'-파세 크티세이)에게 전파된 바요 나 바울은 이 복음의 일꾼이 되었노라." 또한, 같은 용어가 나오는 누가복음 16:15의 "너희는 온 천하에 다니며 만민('모든 피조물')에게 복음을 전파하라"라는 구절을 참조하라. 다른 한편, 로마서 8:21은 "피조물도 썩어짐의 종노릇 한 데서 해방되어 하나님의 자녀들의 영광의 자유에 이르는 것이니라."라고 말하며, 자연도 예수님을 통한 구원과 회복을 고대함을 표현한다.

(2) 사회구조적 평화

정치권력, 특별히 '팍스 로마나'(Pax Romana, 로마의 평화)에 대해 우월한 '예수의 평화'에 대해 이야기된다. 즉 골로새서 2:10, 15- "그는 모든 통치자와 권세의 머리시라.… 통치자들과 권세들을 무력화하여 드러내어 구경거리로 삼으시고 십자가로 그들을 이기셨느니라." 그런데, 뒷부분인 2:15은 예루살렘 함락 후 유대인 포로들을 끌어내어 로마의 거리에 전시한 베스파시안 황제와 그의 아들 티투스(주후 70년 예루살렘을 파괴시킨 장교)를 상기시키며, 이제 반대로 그런 권력자들이 예수

님 앞에 굴복당할 것임을 말한다.[36]

이것은 무력과 폭력을 통한 로마의 평화가 아닌 예수님의 십자가의 희생과 사랑으로 성취한 평화의 궁극적 승리를 교훈한다. 아우구스투스 황제 시대에 28개의 군단과 6,000명의 지휘관이 있었고, 15만 명의 군사가 있었는데, 이것은 당시 인구의 약 3%였다. 또한 로마에서 6,000명이나 12,000명의 보병이나 지원부대가 더 충원될 수 있었으며, 동맹국의 군대까지 동원할 수 있었다.[37] 하지만 그러한 막강한 무력을 통해 평화는 영구히 지속될 수 없으며, 예수님의 십자가의 정신에 따른 비폭력적 평화만이 영원할 수 있다.

---

36) 윌라드 스와틀리, 『당신의 빛을 비추소서』, 75.
37) 페리 요더/ 윌라드 스와틀리, 『평화의 의미』, 205.

5장·요한문헌의 평화

이번 장은 신약 본문 최종 편으로서 요한문헌(요한복음, 요한1,2,3서, 요한계시록)에 독특하게 나타나는 평화에 대한 이해에 대해 살핀다. 먼저 요한문헌의 종파적 특성과 갈등 상황에 대해 살핀다. 다음으로, 그러한 갈등 상황에서의 평화가 어떻게 묘사되는지를 고찰한다. 또한 공동체 내부적 평화에 대한 우선적 강조와 더불어 사마리아 여인 이야기에서와 같이 외부 세계에도 열려 있는 평화의 지평을 살핀다, 마지막으로 요한계시록에 그려진 어린 양의 이미지와 검의 비폭력적 의미 등에 대해 논의한다.

1. 요한문헌의 종파적 특성

리처드 니버의 『그리스도와 문화』는 "문화에 대립하는 그리스도"의 대표적 사례로 요한계시록과 요한일서를 들면서 후자의 다음 구절을 인용하며 설명한다.[38] 즉 요한일서 2:15-17상: "이 세상이나 세상에 있는 것들을 사랑하지 말라 누구든지 세상을 사랑하면 아버지의 사랑이 그 안에 있지 아니하니. 이는 세상에 있는 모든 것이 육신의 정욕과 안목의 정욕과 이생의 자랑이니 다 아버지께로부터 온 것이 아니요 세상으로부터 온 것이라. 이 세상도 정욕도 지나가되."

그런데, 이러한 종파적 특성은 요한복음에도 나타난다. 즉 요한복음 17:14: "내가 아버지의 말씀을 그들에게 주었사오매 세상이 그들을 미워하였사오니 이는 내가 세상에 속하지 아니함 같이 그들도 세상에 속하지 아니함으로 인함이니이다."[39] 심지어, 요한계시록은 평화와 정반대되는 전쟁과 싸움으로 가득한 책으로 보인다. 즉 요한계시록 11:7: "그들이 그 증언을 마칠 때에 무저갱으로부터 올라오는 짐승이 그들과 더불어 전쟁을 일으켜"; 12:7: "하늘에 전쟁이 있으니 미가엘과 그의 사자들이 용과 더불어 싸울새"; 19:19: "또 내가 보매 그 짐승과 땅의 임금들과 그들의 군대들이 모여 그 말 탄 자와 그의 군대와 더불어

---

38) 리처드 니버(Richard Niebuhr), 『그리스도와 문화』, 김재준 역(서울: 대한기독교서회, 1998), 65-68.

39) 리처드 헤이스, 『신약의 윤리적 비전』, 226.

전쟁을 일으키다가."

2. 요한문헌에서의 갈등

(1) 요한계시록 – 바벨론으로 상징되는 로마의 제국주의적 체제와의 갈등

요한계시록 18장은 당시 세계적으로 정치경제의 중심지였던 로마를 상징하는 바벨론의 심판과 멸망을 묘사한다.[40] 즉 요한계시록 18:2-3: "무너졌도다 무너졌도다 큰 성 바벨론이여 귀신의 처소와 각종 더러운 영이 모이는 곳과 각종 더럽고 가증한 새들이 모이는 곳이 되었도다 그 음행의 진노의 포도주로 말미암아 만국이 무너졌으며 또 땅의 왕들이 그와 더불어 음행하였으며 땅의 상인들도 그 사치의 세력으로 치부하였도다 하더라." 또한 당시 로마에 의한 성도들의 순교에 대해 증거한다. 즉 요한계시록 18:24: "선지자들과 성도들과 및 땅 위에서 죽음을 당한 모든 자의 피가 그 성 중에서 발견되었느니라 하더라."

요한계시록은, 일반적으로, 황제 숭배의 제의가 소아시아

---

40) 참조. 박영호, "평화의 교회로 가는 길 – 신약성서의 도전," 박경수 편, 『하나님 나라와 평화』(서울: 대한기독교서회, 2017), 98-105.

지역에서 성행했으며, 이를 거절한 교회들에 대한 핍박이 있었던 것으로 여겨지는 도미티안 황제의 통치 기간(주후 81-96년) 중에 작성된 것으로 생각된다.[41] 저자인 사도 요한 역시 박해로 인해 밧모섬에 유배된 것으로 여겨진다. 즉 요한계시록 1:9: "나 요한은 너희 형제요 예수의 환난과 나라와 참음에 동참하는 자라 하나님의 말씀과 예수를 증언하였음으로 말미암아 밧모라 하는 섬에 있었더니."

(2) 요한복음 - 회당으로 대변되는 유대교와의 갈등

당시 유대교 안에서 시작된 교회공동체가 유대교로부터 탄압을 받고, 회당으로부터 출교를 당하고 있었음을 알 수 있다.[42] 대표적인 증거로서, 날 때부터 맹인이었던 자의 치유 이적 이야기 중 한 부분인 요한복음 9:22은 다음과 같다. 즉 "그 부모가 이렇게 말한 것으로 이미 유대인들이 누구든지 예수를 그리스도로 시인하는 자는 출교하기로 결의하였으므로 그들을 무서워함이러라." 또한, 요한복음 12:42은 다음과 같다. 즉 "그러나 관리 중에도 그를 믿는 자가 많되 바리새인들 때문에

---

41) 리처드 헤이스, 『신약의 윤리적 비전』, 272.
42) Willard Swartley, *Covenant of Peace*, 281.

드러나게 말하지 못하니 이는 출교를 당할까 두려워함이라." 더욱이, 요한복음 16:2은 당시 사회적 매장을 의미했던 출교에 더해, 유대교인들의 그리스도인들에 대한 살해의 위협까지 있었음을 알려준다. 즉 "사람들이 너희를 출교할 뿐 아니라 때가 이르면 너희를 죽이는 자가 생각하기를 이것이 하나님을 섬기는 일이라 하리라." 따라서 요한복음 1:10-11은 당시 그리스도인을 탄압한 유대인들을 세상과 등치시키는 것을 볼 수 있다. 즉 "그가(곧 예수님이) 세상에 계셨으며 세상은 그로 말미암아 지은 바 되었으되 세상이 그를 알지 못하였고 자기 땅에 오매 자기 백성이 영접하지 아니하였으나."

(3) 요한서신- 이단과의 갈등

요한서신을 보면, 본래 교회에 속했던 자들이 이단 분파를 형성하여 교회를 나가고, 교회를 위협했음을 알 수 있다. 곧 그들 역시 유대인들과 마찬가지로 세상에 속한 자들이라고 규정된다. 요한일서 2:19, 22이다. 즉 "그들이 우리에게서 나갔으나 우리에게 속하지 아니하였나니… 거짓말하는 자가 누구냐 예수께서 그리스도이심을 부인하는 자가 아니냐 아버지와 아들을 부인하는 그가 적그리스도니." 또한 요한일서 4:2-5이다. 즉

"예수 그리스도께서 육체로 오신 것을 시인하는 영마다 하나님께 속한 것이요 예수를 시인하지 아니하는 영마다 하나님께 속한 것이 아니니 이것이 곧 적그리스도의 영이니라.… 자녀들아 너희는 하나님께 속하였고 또 그들을 이기었나니 이는 너희 안에 계신 이가 세상에 있는 자보다 크심이라 그들은 세상에 속한 고로 세상에 속한 말을 하매 세상이 그들의 말을 듣느니라." 덧붙여서, 요한이서 1:7은 다음과 같다. 즉 "미혹하는 자가 세상에 많이 나왔나니 이는 예수 그리스도께서 육체로 오심을 부인하는 자라 이런 자가 미혹하는자요 적그리스도니."

그런데 이들 이단 분파는 예수님의 육체적 성육신과 그분의 그리스도이심을 부정하는 교리적 잘못을 범할 뿐만 아니라, 윤리적으로도 잘못을 범하고 있었음을 요한일서는 시사한다. 즉 요한일서 1:6: "만일 우리가 하나님과 사귐이 있다하고 어둠에 행하면 거짓말을 하고 진리를 행하지 아니함이거니와." 또 요한일서 2:4, 6, 9: "그를 아노라 하고 그의 계명을 지키지 아니하는 자는 거짓말하는 자요 진리가 그 속에 있지 아니하되… 그의 안에 산다고 하는 자는 그가 행하시는 대로 자기도 행할지니라.… 빛 가운데 있다 하면서 그 형제를 미워하는 자는 지금까지 어둠에 있는 자요." 마지막으로, 요한일서 4:20은 다음과 같다. 즉 "누구든지 하나님을 사랑하노라 하고 그 형제를 미워하면 이는 거짓말하는 자니 보는 바 그 형제를 사랑하지 아니하는 자는 보지 못하는 바 하나님을 사랑할 수 없느니라." 이 구절들은 보다 고상하고 특별한 신앙을 소유한 것으로 자부하며 자랑하지만, 실제로는 그리스도인의 가장 기본적이면서도 중요한 계명인 '형제 사랑'을 실천하지 않고, 악한 열매만을 맺는 신행불일치의 이단분파를 향한 비판이다.

3. 갈등 상황에서의 평화와 '서로 사랑하라'의 교훈
(1) 갈등 상황에서의 평화

이렇듯, 요한 사도 당시 교회는 유대교와 이단으로부터의 위협과 정치권력으로부터의 박해를 당했다. 이런 상황 가운데 세상에서 누릴 수 있는 것과 구별되는 예수님 안에서의 내적 평화와 교회공동체 내부적인 성도들 간의 끈끈한 유대와 사랑이 강조된다. 교회 공동체 내부적인 유대와 사랑에 대해서는 이어지는 "서로 사랑하라"는 단락에서 좀 더 살필 것이며, 여기서는 예수님 안에서 누릴 수 있는 내적 평화에 관한 구절들을 인용한다. 즉 요한복음 14:27: "평안을 너희에게 끼치노니 곧 나의 평안을 너희에게 주노라 내가 너희에게 주는 것은 세상이 주는 것과 같지 아니하니라 너희는 마음에 근심하지 말고 두려워하지도 말라"; 요한복음 16:33: "이것을 너희에게 이르는 것은 너희로 내 안에서 평안을 누리게 하려 함이라 세상에서는 너희가 환난을 당하나 담대하라 내가 세상을 이기었노라." 또한, 요한복음 20:19, 21, 26에서 예수님은 부활 후 제자들에게 "너희에게 평강이 있을지어다."를 반복하여 말씀하신다.

다른 한편, 요한삼서 1:2은 "사랑하는 자여 네 영혼이 잘됨 같이 네가 범사에 잘되고 강건하기를 내가 간구하노라."라고 말하며, 요한계시록 21:4은 "모든 눈물을 그 눈에서 닦아 주시니 다시는 사망이 없고 애통하는 것이나 곡하는 것이나 아픈 것이 다시 있지 아니하리니 처음 것들이 다 지나갔음이러라." 라고 말한다.

(2) 서로 사랑하라

요한문헌에는 공관복음서와 바울서신과 달리 "원수를 사랑하라"는 구절은 안 나오는데, 이것은 아마도 앞에서 언급한 여러 갈등 상황 때문인 것으로 보인다. 대신 "서로 사랑하라" 또는 "형제를 사랑하라"는 말씀은 여러 차례 나온다. 마태복음 5:9과 5:43-45에서 '화평하게 하는 자'와 '원수를 사랑하는 자'

양자 모두가 하나님의 아들이 되는 증표라는 점에서 원수를 사랑하는 일이 화평하게 하는 일과 동일시 될 수 있다. 그러나 요한문헌에는 원수사랑보다는 교회공동체 구성원 상호 간의 사랑을 권고한다는 점에서 보다 좁은 범위의 '교회 내부적인 평화'를 우선적으로 강조한다고 볼 수 있다.[43]

이와 관련된 구절들을 인용하면 다음과 같다. 즉 요한복음 13:34-35: "새 계명을 너희에게 주노니 서로 사랑하라 내가 너희를 사랑한 것 같이 너희도 서로 사랑하라 너희가 서로 사랑하면 이로써 모든 사람이 너희가 내 제자인 줄 알리라."; 요한복음 15:12: "내 계명은 곧 내가 너희를 사랑한 것 같이 너희도 서로 사랑하라 하는 이것이니라." 또한 요한일서 2:10: "그의 형제를 사랑하는 자는 빛 가운데 거하여 자기 속에 거리낌이 없으나."; 요한일서 3:11, 13-14, 23: "우리는 서로 사랑할지니 이는 너희가 처음부터 들은 소식이라.… 형제들아 세상이 너희를 미워하여도 이상히 여기지 말라 우리는 형제를 사랑함으로 사망에서 옮겨 생명으로 들어간 줄을 알거니와 사랑하지 아니하는 자는 사망에 머물러 있느니라.… 그의 계명은 이것이니 곧 그 아들 예수 그리스도의 이름을 믿고 그가 우리에게 주신 계명대

---

43) Ibid., 296.

로 서로 사랑할 것이니라.”

추가적으로, 요한일서 4:7, 11-12, 20-21: “사랑하는 자들아 우리가 서로 사랑하자.… 하나님이 이같이 우리를 사랑하셨은 즉 우리도 서로 사랑하는 것이 마땅하도다 어느 때나 하나님을 본 사람이 없으되 만일 우리가 서로 사랑하면 하나님이 우리 안에 거하시고… 누구든지 하나님을 사랑하노라 하고 그 형제를 미워하면 이는 거짓말하는 자니 보는 바 그 형제를 사랑하지 아니하는 자는 보지 못하는 바 하나님을 사랑할 수 없느니라 우리가 이 계명을 주께 받았나니 하나님을 사랑하는 자는 또한 그 형제를 사랑할지니라.” 마지막으로 요한이서 1:5: “부녀여 내가 이제 네게 구하노니 서로 사랑하자.”

4. 사마리아 여인 이야기

여러 가지 갈등과 박해 상황 속에서 요한문헌은 교회공동체 내적인 사랑을 강조하지만, 동시에 외부 세계에 열려져 있는 평화의 지평을 여전히 견지하고 있다. 그 대표적인 사례가 사마리아 여인 이야기(요 4:1-42)이다. 이 이야기는 예수님의 복음이 유대인과 사마리아인 간의 인종적이며 지역적인 경계와 당시 보편적이었던 남자와 여자의 경계를 뛰어넘는 화해의 길을 제시한다.

먼저, 유대인과 사마리아인의 경계가 허물어진다. 사마리아는 본래 요셉의 아들들인 에브라임과 므낫세 지파의 땅이다. 그런데, 북이스라엘이 앗수르에 정복되었을 때(주전 721년), 그 왕이 그곳 사람들을 앗수르로 노예로 끌고 가는 대신에, 다른 여러 지역의 사람들을 그곳으로 이주시켰다. 따라서 여호와 하나님과 각종 이방신이 함께 섬겨지는 혼합주의적 신앙이 자리 잡았다. 곧, 열왕기하 17장 24절과 33절: "앗수르 왕이 바벨론과 구다와 아와와 하맛과 스발와임에서 사람을 옮겨다가 이스라엘 자손을 대신하여 사마리아 성읍에 두매 그들이 사마리아를 차지하고 그 여러 성읍에 거주하니라."와 "이와 같이 그들이 여호와도 경외하고 또한… 자기의 신들도 섬겼더라." 이런 인종적이며, 종교적 이질성으로 인해 유대인과 사마리아인 간에는 적대감이 형성되기 시작했을 것이며, 포로 귀환 시기인 에스라와 느헤미야 시대(대략 주전 464-438년)에는 그 적대감이 명백히 표출되는 것으로 보인다. 즉 귀환한 유대인들은 자신들을 "거룩한 자손"(에스라 9:2) 또는 신실한 남은 자(faithful remnant, 에스라 9:15)로 여기는 반면, 이방인들과 결혼하고 우상숭배를 행하는 자들을 가증하고 더럽다고 생각한다.(에스라 9:1-2, 11) 또 느헤미야가 예루살렘 성벽을 재건할 때에는 사마리아 총독이었던 산발랏과 그 백성들이 그 공사를 방해하고 위협하고, 느헤미야를 해하려는 음모까지 꾸민다.(느헤미야 4:1-2; 6:1-14).

알렉산더 대왕과 프톨레미 왕조의 통치는 유대인과 사마리아인의 긴장관계를 악화시켰다. 요세푸스(Josephus)에 따르면, 알렉산더가 사마리아인들에게 그리심 산에 자신들의 성전을 짓도록 허락했을 때, 불화와 분리가 발생했으며, 유대인들의 사마리아인에 대한 반감이 고조되었다. 이후 마카비 혁명 동안(주전 165년)에 양자의 대치가 다시 이루어졌으며, 급기야 요한 히르카누스(John Hyrcanus) 통치(주전 134-104년) 하에서 사마리아인들에 대한 잔인한 탄압이 자행되고, 주전 128년에는 그리심 산의 성전이 불태워지고, 세겜 성이 파괴되었다. 이에 대한 보복으로 일부 사마리아인들은 주후 6-9년에 무교절 기간 동안 예루살렘 성전에 사람의 뼈들을 가져다 흩어 놓았다.

반대로, 이 사건으로부터 약 20년 뒤, 곧 예수의 이 사마리아 전도 여행과 가까운 시기에는 아마도 유대인과 빌라도가 공모하여, 사마리아인에 대한 잔혹한 행위가 발생했다. 요세푸

스에 따르면, 한 사람이 일군의 사마리아인으로 하여금 그리심 산에 보관된 성전 그릇들을 보기위해 그곳에 오르도록 부추겼다. 그런데 그 무리 중 일부는 무장을 했었고, 빌라도가 그 산에 오르는 일을 금지하자, 싸움이 벌어졌고 몇몇 사마리아인이 살해되거나 투옥되었다. 이후 빌라도는 아마도 그 "조작된 폭동"의 죄를 물어 사마리아 지도자 몇몇을 사형으로 처형했다.[44]

결국, 예수 시대에도, 요한복음 4:9에서 보듯이, 서로 마주치려고도 하지 않는 큰 반감이 있었다. 즉 "사마리아 여자가 이르되 당신은 유대인으로서 어찌하여 사마리아 여자인 나에게 물을 달라 하나이까 하니 이는 유대인이 사마리아인과 상종하지 아니함이러라." 그러나 예수께서는 세례 사역을 유대 지역에서 베푸신 후 고향 갈릴리 지역으로 되돌아가실 때, 일부러 사마리아 지역을 경유하여 가셨으며, 그 여인과의 만남을 통해, 그곳에도 자신의 메시아이심을 증거하시고, 구원의 기쁜 소식을 기꺼이 전하신다. 일반적으로 유대인들은 사마리아 지역을 피해 요단 강 동쪽 베레아 지역으로 다녔다고 한다. 요단 강 서쪽 사마리아로 가면 3일 정도 걸리는 반면, 베레아로 돌아가면 훨씬 더 많은 시간이 걸리는데도 말이다. 이렇듯 복음 전

---

44) Ibid., 309-10.

파를 통한 영적 추수를 위해 의도적으로 사마리아로 간 사실은 요한복음 4:34-35에서 확인된다. 즉 "예수께서 이르시되 나의 양식은 나를 보내신 이의 뜻을 행하며 그의 일을 온전히 이루는 이것이니라 너희는 넉 달이 지나야 추수할 때가 이르겠다 하지 아니하느냐 그러나 나는 너희에게 이르노니 너희 눈을 들어 밭을 보라 희어져 추수하게 되었도다."

다음으로, 남자와 여자의 경계가 허물어진다. 27절을 보면, 예수와 사마리아 여인의 대화가 끝나갈 무렵 제자들이 도착했다. 그들은 예수님이 여자와 말씀하는 것을 이상히 여겼다고 했다. 즉 "이 때에 제자들이 돌아와서 예수께서 여자와 말씀하시는 것을 이상하게 여겼으나." 이것은 그 여인이 사마리아인으로서 인종적으로 천대받는 신분이었을 뿐만 아니라, 그에 더하여, 여성으로서의 사회적 차별을 겪는 시대적 상황에 놓여 있었음을 의미한다. 당시 문헌들에는 이런 말이 나온다. 즉 "남성은 노상에서 여성과 대화를 나누어서는 안 된다. 심지어는 자신의 아내와도 안 되며, 확실히 다른 아내와도 그러하다. 왜냐하면 그것은 사람들의 공론거리가 되기 때문이다." 또한 "여성에게 인사하는 것이 금지된다."[45] 이렇듯 여성을 차별하는 시

---

45) 비슬리 머리, 『요한복음』, 212.

대적 한계를 뛰어넘어 예수께서는 여인에게 친히 다가 가셨고 영원히 목마르지 않는 영생이라는 구원의 선물을 주신 것이다.

덧붙여서, 사마리아 여인 이야기에 이어서 요한복음 4장에는 이방인으로 여겨지는 한 왕의 신하의 아들 치유 이야기(요 4:43-54)가 나오는데, 이것은 이제 복음이 유대인과 이방인의 경계를 넘어 확산되는 것을 보여준다. 이 이야기는 마태복음 8:5-13과 누가복음 7:1-10의 백부장의 하인과 종 이야기와 매우 유사하다. 마태복음에서 하인이라고 번역된 단어('파이스')는 아들로도 번역될 수 있다. 당시 백부장은 상당히 높은 군 지휘관으로 이방인이었는데, 요한복음 4장의 왕의 신하 역시 이방인일 가능성이 높다.

5. 요한계시록에 그려진 어린 양의 이미지와 검의 비폭력적 의미

요한계시록은 평화와 정반대되는 전쟁과 싸움 등과 관련된 폭력적 묘사가 가득한 책으로 보인다. 즉 요한계시록 2:16-"내가 네게 속히 가서 내 입의 검으로 그들과 싸우리라"; 11: 7-"그들이 그 증언을 마칠 때에 무저갱으로부터 올라오는 짐승이 그들과 더불어 전쟁을 일으켜"; 12:7-"하늘에 전쟁이 있으니 미가엘과 그의 사자들이 용과 더불어 싸울새"; 13:4-"용이 짐승에게 권세를 주므로… 이르되 누가 이 짐승과 같으냐 누가 능히 이와 더불어 싸우리요 하더라"; 16:14- "그들은 귀신의 영이라 이적을 행하여 온 천하 왕들에게 가서 하나님 곧 전능하신 이의 큰 날에 있을 전쟁을 위하여 그들을 모으더라"; 17:14- "그들이 어린 양과 더불어 싸우려니와 어린 양은 만주의 주시요 만왕의 왕이시므로 그들을 이기실 터이요"; 19:11- "백마와 그것을 탄 자가 있으니… 그가 공의로 심판하며 싸우더라"; 19:19- "또 내가 보매 그 짐승과 땅의 임금들과 그들의 군대들이 모여 그 말 탄 자와 그의 군대와 더불어 전쟁을 일으키다가."

그런데, 이러한 전쟁과 싸움에 대한 묘사는 구약 성경의 "거룩한 전쟁"(holy war) 전승을 계승한 것으로 볼 수 있다. 그렇다면, 구약 성경의 잔혹한 전쟁 전승을 계승한 요한계시록이 어떻게 평화 형성에 기여할 수 있는가? 로렌 존스(Loren Johns)라는 학자는 요한계시록이 구약 성경의 또 다른 전승인 "어린 양"(Lamb) 전승을 계승하는데, 이것이 앞의 전쟁 전승을 제어하고 재해석한다고 생각한다. 결국 첫인상과 달리 폭력이 아닌 평화가 요한계시록의 주도적인 메시지인 것이다.[46]

요한계시록에는 예수 그리스도를 가리키는 "어린 양"(헬

---

46) Willard Swartley, *Covenant of Peace*, 332.

라어-아르니온)이라는 단어가 무려 28번 나온다. (한글 개역 개정판에는 총 28절에 걸쳐 31번 나오지만, 헬라어 성경에서는 5:7에는 나오지 않고, 13:11에서는 예수를 가리키지 않으며, 14:1에는 한번만 사용됨) 그런데 그 "어린 양"의 이미지는 다음과 같은 구약 이사야 53장이 대표적으로 묘사하듯이, 비록 연약하게 보이지만 자신의 희생을 통한 평화로운 방식으로 구원을 가져오시는 자를 나타낸다. 즉 이사야 53:4-7: "그는 실로 우리의 질고를 지고 우리의 슬픔을 당하였거늘 우리는 생각하기를 그는 징벌을 받아 하나님께 맞으며 고난을 당한다 하였노라. 그가 찔림은 우리의 허물 때문이요 그가 상함은 우리의 죄악 때문이라 그가 징계를 받으므로 우리는 평화를 누리고 그가 채찍에 맞음으로 우리는 나음을 받았도다. 우리는 다 양 같아서 그릇 행하여 각기 제 길로 갔거늘 여호와께서는 우리 모두의 죄악을 그에게 담당시키셨도다. 그가 곤욕을 당하여 괴로울 때에도 그의 입을 열지 아니하였음이여 마치 도수장으로 끌려가는 어린 양과 털 깎는 자 앞에서 잠잠한 양 같이 그의 입을 열지 아니하였도다." 신약에서 예수 그리스도는 무력하게도 십자가상의 죽음으로 제물되심으로 말미암아 이 어린 양으로서의 메시아 예언을 성취하신다.

이렇게 요한계시록에서, 한편으로, 매우 빈번하게 "어린 양"으로 묘사되는 예수 그리스도는, 다른 한편으로는, "검"을 사용하여 원수와 싸우며 그들을 무찌르는 자로 묘사된다. 이 "검"의 이미지는 언뜻 보기에 "어린 양"의 이미지와 도저히 조화될 수 없으며, 평화의 구원자로서의 예수 그리스도에 대한 상을 근본적으로 무너뜨리는 것으로 여겨질 수 있다.

그러나, 그 검은 흥미롭게도 모두 입에서 나오는 것으로 묘사된다. 즉 요한계시록 1:16- "그 입에서 좌우에 날선 검이 나오고"; 2:12, 16- "좌우에 날선 검을 가지신 이가 이르시되," "내 입의 검으로 그들과 싸우리라"(12절과 16절은 같은 단락으로서 12절의 검은 16절의 검과 같음); 19:15, 21- "그의 입에서 예리한 검이 나오니 그것으로 만국을 치겠고," "말 탄 자의 입으로부터 나오는 검." 이 사실은 그 검을 문자대로 폭력과 무력을 뜻하는 것이 아니라, 이사야 49:2("내 입을 날카로운 칼 같이 만드시고"); 히브리서 4:12("하나님의 말씀은 살아 있고 활력이 있어 좌우에 날선 어떤 검보다도 예리하여"); 에베소서 6:17("성령의 검 곧 하나님의 말씀을 가지라") 등의 전승에 따라 "하나님의 말씀"을 상징하는 것으로 해석할 수 있게 한다.[47]

---

47) Ibid., 332-333.

더욱이, 요한계시록 19:13("또 그가 피 뿌린 옷을 입었는데 그 이름은 하나님의 말씀이라 칭하더라.")은 그의 입에서 예리한 검이 나오는 말 탄 자의 이름 자체를 "하나님의 말씀"이라고 지칭하며(참조. 요한복음 1:1-15), "하나님의 말씀"의 중요성을 부각시킨다. 즉 예수님은 "하나님의 말씀 자체"되신 분으로서 "하나님의 말씀"에 의해 만물을 창조하셨을 뿐만 아니라, 타락 후에는 바로 그 "하나님의 말씀"에 의해 사탄의 권세를 무너뜨리시고 어그러진 만물을 회복하신다. 그런데 그 방법은 어떤 폭력적 행위가 아니라, 말씀이 육신이 되신(요 1:14) 예수님 자신이 대속의 제물로 십자가에 죽으시는 지극히 평화롭고 비폭력적인 희생에 의한 것이었다. 따라서 우리는 요한계시록에 그려진 종말에 있을 전쟁과 싸움에서 사용되는 검 역시 문자적 의미 그대로 폭력과 무력을 상징하는 것이 아니라, "하나님의 말씀"이라는 영적인 의미를 지니며, 비폭력적인 사랑과 희생의 신비로운 방식에 의해 사탄을 포함하여 만물을 굴복하게 하시는 "하나님의 절대적 주권"을 상징한다고 해석할 수 있다.

예수님을 따르는 신자들 또한 사탄과의 영적 전투에 있어 "하나님의 말씀"에 의해 승리하는 것으로 묘사된다. 즉 요한계시록 12:11 - "우리 형제들이 어린 양의 피와 자기들이 증언하는 말씀으로서 그(사탄)를 이겼으니." 신자들은 어떤 무력을 사용함에 의해서가 아니라, 다만 하나님의 말씀을 증언하는 일을 통해 사탄의 권세를 무너뜨릴 수 있는 것이다. 이 점은 요한계시록의 저자인 요한 자신의 상황과도 밀접하게 관련된다. 곧 그는 박해의 위협에도 불구하고 로마제국의 황제 우상 숭배에 굴하지 않고 하나님의 말씀을 용감히 증거하는 "비폭력적 선교"라는 영적 전투 가운데 있었다. 즉 요한계시록 1:9- "나 요한은 너희 형제요 예수의 환난과 나라와 참음에 동참하는 자라 하나님의 말씀과 예수를 증언하였으므로 말미암아 밧모라 하는 섬에 있었더니." 요한의 이러한 모범은 또한 다른 신자들의 평화적인 복음 증거의 사명을 독려했을 것임이 분명하다.

결론적으로, 요한계시록에 묘사되는 "입에서 나오는 검"이란 만화 영화에 흔히 나오는 로봇의 입에서 발사되는 화살과 같은 칼이 아니라, 사탄과의 영적 전투에서 신자들의 치명적 무기가 되는 "하나님의 말씀"을 뜻한다. 예수님의 본보기를 따라 우리는 희생과 사랑의 방식을 통한 평화적 복음 증거를 통해서 사탄과의 전쟁에서 승리할 수 있는 것이다.

6장 • 평화와 세계

이제 두 장에 걸쳐 신약성경의 평화사상을 전 세계와 한반도 차원 각각에 적용하여 세계평화와 남북화해와 통일의 길을 모색한다. 먼저, 이번 장에서는 '기독교 평화주의'(Christian Pacifism) 전통을 '정당한 전쟁론'(Just War Theory) 전통과 비교 분석하여, 전 세계적 평화의 걸림돌이 되는 전쟁과 테러에 대한 기독교적 입장과 실천 방안을 강구한다.

1. 거룩한 전쟁과 정당한 전쟁의 혼용

2022년 2월 러시아의 우크라이나 침공으로 시작된 소위 '우크라이나 전쟁'이 발발하여 세계가 다시 신 냉전의 시기로 회기하지 않을지에 대한 큰 우려가 나타나고 있다. 기독교적 관점에서 보았을 때, 가장 큰 문제는 러시아의 기독교를 대표하는 '정교회'의 수장인 키릴 총대주교가 푸틴의 우크라이나 침공을 동성애를 비롯한 서구의 재앙으로부터 러시아를 보호하기 위한 하나님의 뜻을 실현하는 거룩한 전쟁, 곧 '성전'(holy war)이라고 하며 적극 변호하고, 푸틴을 축복하며, 러시아 젊은이들에게 참전을 독려하고 있다는 사실이다.[48]

다른 한편, 2001년의 9.11 테러 사건 이후 아프가니스탄과 이라크 전쟁을 일으킨 미국의 조지 부시 대통령 역시 테러와의 전쟁을 '십자군 전쟁'이라 말했으며, 그가 국방부로부터 전달받은 이라크 전쟁 보고서에서 매번 성경구절이 들어가 있었다는 점은 당시 그와 국방부 지도자들이 이라크 전쟁을 하나님의 뜻을 대리하는 '성전(聖戰)'으로 여겼음을 시사한다. 그러나 이라크에 있는 대량살상무기를 제거한다는 전쟁의 명분은 추후에 잘못된 것임이 밝혀졌다. 더욱 중요하게는 이라크 전쟁으로 인해 약 11만 명의 이라크 민간인과 약 4만 명의 이라크 군인이 사망한 것으로 알려진다.[49]

---

48) 채인택, "'황제→공산주의→푸틴' 권력에 결택해온 러시아 정교회," 『이코노미스트』, 2022년 5월 7일, https://economist.co.kr/article/view/ecn202205070034 (accessed June 30, 2024)

49) 유신모, "8년 9개월 끈 이라크전 사망자 총 15만여 명 추산," 『경향신문』, 2011년 12월 16일, https://m.khan.co.kr/world/america/article/201112162051575#c2b (accessed June 30, 2024).

그런데 이렇게 단순히 '하나님의 뜻' 또는 '하나님의 명령'에 의거한다는 기독교의 '성전(聖戰)' 개념은 구약 성경에서 이스라엘 민족이 가나안 땅을 정복할 때 행했던 여러 전쟁에서 유래한다. 하나님은 심각한 죄와 우상숭배에 빠져있는 가나안 족속들을 멸망시키시고 하나님만 따르며 순결한 삶을 사는 자들로 이루어진 새로운 민족과 나라를 건설하길 원하셔서 그러한 전쟁을 지시하셨다는 것이다. 하지만 '하나님의 뜻'이라는 이런 주관적 명분을 내세우는 것은 자칫 일방적 주장으로 치우치기 쉽고 설득력이 부족할 수 있기 때문에, 이후 기독교는 '정당한 전쟁'(just war)이라는 개념을 발전시킨다. 상당히 세밀한 객관적 기준들을 제시하고, 그것에 의거할 때만 기독교인이 승인할 수 있는 '정당한 전쟁'이 될 수 있다는 것이다.

오늘날 '성전(聖戰)'과 '정당한 전쟁' 개념은 흔히 혼용되어 사용되지만, 엄밀하게는 큰 차이가 있다고 할 수 있다. 왜냐하면, '정당한 전쟁'의 기준과 배치되게도, 구약 성경에 나오는 '성전' 개념에서는 하나님께서 때로 전투에 나서는 군인들뿐만 아니라, 그 가족들, 심지어는 그 가축들까지도 모두 죽이라고 명령하기 때문이다. 대표적으로 구약 성경 신명기 20장 16절은 다음과 같다: "오직 네 하나님 여호와께서 네게 기업으로 주시는 이 민족들의 성읍에서는 호흡 있는 자를 하나도 살리지 말지니." 실제로 여호수아의 인도 하에 이스라엘이 여리고 성을 정복할 때에 다음과 같이 행했다: "그 성안에 있는 모든 것을 온전히 바치되 남녀 노소와 소와 양과 나귀를 칼날로 멸하니라 (여호수아 6장 21절)." 또한 사무엘 선지자는 하나님을 대신하여 사울 왕에게 아말렉과 다음과 같이 전쟁할 것을 지시한다: "지금 가서 아멜렉을 쳐서 그들의 모든 소유를 남기지 말고 진멸하되 남녀와 소아와 젖 먹는 아이와 우양과 낙타와 나귀를 죽이라 하셨나이다 하니(사무엘상 15장 3절)." 반면, '정당한 전쟁'의 기준에서는 민간인은 공격 대상이 되어서는 안 되며, 제한된 범위의 공격을 해야 하지 상대국의 사회간접자본을 완전히 파멸하려 해서는 안 된다고 규정한다.

흔히 '성전'과 '정당한 전쟁' 개념이 혼용되지만, '성전'이란 단지 종교적 신념에 의거한 매우 주관적 주장이기 때문에, 보다 객관적 이론으로서는 '정당한 전쟁'이 의미가 있다고 할 수 있다. 따라서 여기서 우리는 학문적 토론의 대상이 될 수 있는 '정당한 전쟁' 개념만을 '기독교 평화주의'와 대비하여 살펴본다.

2. 정당한 전쟁론

처음 300여 년 동안 기독교는 예수님의 산상수훈에 근거하여 기독교인은 어떠한 경우에도 전쟁과 폭력에 참여해서는 안 된다는 입장을 지녔지만, 주후 313년 콘스탄티누스 황제의 기독교의 공인 이후부터는 정당하게 여겨지는 특정한 조건 하에서는 전쟁에 참여할 수 있다는 소위 '정당한 전쟁론'을 발전시키게 된다.

(1) 아우구스티누스

정당한 전쟁론을 처음으로 체계화시킨 신학자는 북아프리카 히포의 주교였던 아우구스티누스(354-430)이다. 당시 로마제국은 주변의 야만인들의 위협을 받고 있었는데, 그는 그들과의 전쟁의 당위성을 기독교적으로 합리화하고자 한다. 그는 여러 성경구절이 전쟁 자체를 금하지 않고 있음을 주장하며, 또한 인간의 보편적 이성을 신뢰하는 자연법 사상가인 키케로(Cicero, 주전 106-43)에 근거하여 전쟁이 정당한 경우를 들고 있다. 즉 그는 "국가를 방어하기 위해 어쩔 수 없거나 그 의도가 복수가 아니라 평화와 정의일 경우 전쟁이 가능하다고 보았다."[50] 그는 예수님의 산상수훈의 "누구든지 네 오른편을 치거든 왼편도 돌려대라"는 권고를 우리의 실제 행동이 아니라, 단지 우리의 내적 태도에 관한 교훈이라고 해석한다.[51]

이후 기독교 사상가들은 정당한 전쟁론을 더욱 발전시켜 왔으며, 현재까지 계속하여 주류 기독교의 견해가 되어왔다. 중세의 대표적 신학자 토마스 아퀴나스 역시 아우구스티누스와 비슷한 견해를 지녔는데, 그는 특별히 합법적 권위를 지닌 통치자에 의한 공적 선포와 수행을 강조한다.[52]

(2) 루터와 칼뱅, 라인홀드 니버

주류 개신교 종교개혁자들 역시 정당한 전쟁론을 받아들였고, 그 교파들은 공식 신조들 안에 그것을 채택한다. 즉 루터파의 아우구스부르크 신앙고백서 제16조, 칼뱅을 따르는 장로교의 웨스트민스터 신앙고백서 제23조 제2항, 영국 성공회의

---

50) 로널드 사이더(Ronald Sider), 『예수가 주님이시라면: 그리스도의 사랑과 정의, 비폭력』, 김상엽 역(서울: 요단출판사, 2021), 339.

51) Arthur Homes, ed., *War and Christian Ethics: Classical and Contemporary Readings on the Morality of War* (Grand Rapids, Michigan: Baker Academic, 2005), 65.

52) 신원하, 『전쟁과 정치: 정의와 평화를 위한 기독교윤리』(서울: 대한기독교서회, 2003), 202.

39개 신조 제37조 등이 그러하다.53 루터와 칼뱅은 전쟁에 대한 국가의 공적 책무를 강조하면서, 기독교인 역시 국민으로서의 책임을 다해야 한다고 주장하며 그 근거로 특별히 로마서 13장 1-4절을 인용한다.54 여기서 국가는 하나님의 권위를 덧입은 기관으로서 선행을 장려하며, 악행에 대해 칼로 상징되는 물리력으로 징벌하는 책무를 지닌다고 진술된다. 그들은 기독교인이 개인적으로는 산상수훈에 의거하여 아무런 폭력도 행하지 않는 삶을 살아야 하지만, 다른 한편으로, 한 국가에 속한 국민으로서 공적으로는 마땅히 국가에서 벌이는 전쟁에 참여하여 살상 행위를 할 수 있다고 교훈하는 것이다.

정당한 전쟁론은 현대에 와서 '기독교 현실주의'(Christian realism)로 유명한 라인홀드 니버(Reinhold Niebuhr, 1892-1971)에 의해 지지받는다. 그는 모든 전쟁을 반대하는 평화주의를 성경이 지적하는 인간의 죄성을 간과하는 '이상주의'라고 비판하며, 제2차 세계대전과 베트남 전쟁을 정당화한다. 비록 그는 정당한 전쟁론 자체를 체계적으로 제시하거나 정당한 전쟁의 기준들을 구체적으로 다루진 않았지만, 신학적으로 기독

---

53) 로널드 사이더, 『예수가 주님이시라면』, 341.
54) Arthur Homes, ed., *War and Christian Ethics*, 145-6, 166-7.

교계에서 널리 받아들여지게 한 인물로 평가된다.

(3) 정당한 전쟁의 기준

최근에 정당한 전쟁론을 보다 체계적으로 진술하고 발전시킨 인물은 폴 램지(Paul Ramsey)와 제임스 터너 존슨(James Turner Johnson) 교수 등이다. 최근 학자들은 단지 '전쟁 개시의 정당성'(jus ad bellum, justice toward war)뿐만 아니라, 전쟁이 이미 개시되었을 때의 '전쟁 행위의 정당성'(jus in bello, justice in war)에 대해서도 많은 연구를 하고 있는데, 그 양자 모두에 있어서의 기준들을 총 8가지로 정리하여 제시한 한 대표적 사례는 다음과 같다:

"첫째, 정당한 원인just cause이다. 공격당한 나라를 침략에서 보호하는 것이다. 둘째, 정당한 의도just intent다. 복수와 상대방의 파멸이 아니라 파괴된 평화를 회복하는 의도다. 셋째, 최후 수단the last resort이다. 전쟁은 어떤 방법도 결코 평화를 회복할 수 없을 때 마지막 수단으로 행해져야 한다. 넷째, 합법적인 권위lawful authority를 지닌 정부에 의해 공적으로 선포official declaration되어야 한다. 전쟁은 결코 사적인 집단이 행해서는 안 된다는 것이다.

다섯째, 전쟁을 수행할 때는 승리의 가능성feasibility of victory이 있어야 한다는 것이다. 전쟁을 수행함으로써 유발하는 고통과 악을 훨씬 능가하는 선이 도출될 수 있어야 한다. 여섯째, jus in bello에 관한 것으로 제한된 목표limited objectives에 공격이 허용되어야 한다. 전쟁의 의도가 궁극적으로 평화를 회복하는 것이라면, 결코 그 나라가 일어설 수 없을 정도로 사회의 간접자산을 마비시키고 파괴해서는 안 된다. 일곱째, 민간인은 철저히 공격에서 배제되어야 한다.noncombatants immunity 여덟째, 공격은 자국이 당한 피해를 능가하지 않는 범위 내에서 행해져야 한다.proportionate means."55

이중 첫 번째에서 다섯 번째까지는 전쟁 개시의 정당성과 관련되며, 여섯 번째에서 여덟 번째까지는 전쟁 행위의 정당성과 관련된다고 할 수 있다. 이 기준은 학자에 따라 조금씩 달라지는데, 예를 들어, 월터 윙크(Walter Wink)에 따른다면, 전쟁 행위의 정당성에 관한 두 가지 기준을 추가 하여 총 10가지로 제시할 수도 있다. 즉 그는 "포로들은 인도적으로 취급되어야만 한다."는 기준과 "국제적인 조약과 관행들은 존중되어야 한

---

55) 신원하, 『전쟁과 정치』, 139-140.

다."라는 기준 역시 제시한다.56

(4) 정당한 전쟁론에 대한 비판

정당한 전쟁론의 이런 기준들이 이성적으로도 상당히 설득력 있으며, 기독교인이 전쟁을 막고 평화를 도모하는 윤리적 표준으로 작용할 수 있을 것으로 보이지만, 실제에서는 그렇지가 못하다. 로널드 사이더는 라인홀드 니버의 인간의 죄성 교리에 대한 강조를 정당한 전쟁론에 적용하여 다음과 같은 니버와는 전혀 다른 결론을 도출하며 그것을 비판한다. 즉 "기독교인들이 정의로운 전쟁 기준을 적용하여 자기 민족이나 국가의 전쟁을 멈춘 경우는 극히 드물다. 천박하고 악한 민족주의와 국가주의는 사려 깊은 도덕적 분석을 언제나 압도했다. 죄로 가득한 인간이 비이성적이고도 열광적인 방식으로 자기 진영 전쟁에 참여하는 것이 보편적이다. 이 때문에 일반적인 도덕적 가르침을 통해 모든 살인을 반대하는 것이 인간의 죄 된 본성에 현실적으로 더 적합한 것일 수 있다."57

예를 들어, 제2차 세계 대전 중 독일이 항공급습으로 영국

---

56) 월터 윙크, 『사탄의 체제와 예수의 비폭력』, 401.
57) 로널드 사이더, 『예수가 주님이시라면』, 226.

민간인을 공격했을 때 영국 기독교인은 처음에는 같은 방법으로 독일에 보복하지 않겠다고 했다. 그러나 나중에는 독일군과 마찬가지로 행동했는데, 저명한 영국 국교도 올덤(I. H. Old-ham)은 다음과 같이 그런 행위를 변호했다. 즉 "한편으로 군사적 목표물에 대한 공격과, 다른 한편으로 무차별적인 살육과 고의적인 파괴 사이의" 구분은 "부차적으로 중요한" 문제일 뿐이다. 결국 기독교인을 포함한 영국 비행사들은 연합군과 함께 독일 드레스덴 등의 도시를 폭격했고, 하루에 10만 명이 넘는 민간인이 사망했다.[58]

'합법적인 권위'를 지닌 정부에 의한 '공적 선포'라는 기준에 의거하여 전쟁을 막기도 어려운데, 대표적으로 베트남 전쟁이 그러하다. 베트남 전쟁은 법적으로 '선전 포고권'이 있는 미국 국회의 승인을 받지 않고 대통령에 의해 일방적으로 진행되었지만, '부당한 전쟁'으로 여겨져 취소되지 않았다. 침략자로부터의 방어와 복구라는 '정당한 원인과 의도'라는 기준도 절대적이지 못하다. 왜냐하면 오늘날 상대국의 인권탄압을 저지하기 위한 '인도주의적 전쟁' 또는 미래의 위협 요소를 선제적으로 제거하기 위한 '예방적 전쟁' 역시 정당한 전쟁으로 주장

---

58) Ibid., 237에서 재인용.

되기 때문이다. 최후 수단, 승리의 가능성, 제한된 목표와 자국의 피해에 비례하는 공격이라는 원칙들 역시 객관적 표준이 되기 어렵고, 흔히 자국의 이익에 따라 주관적으로 판단될 수밖에 없을 것이다.

정당한 전쟁론이 이론적 차원에서만 거론될 뿐이지, 실제로는 거의 유명무실하다는 강력한 증거는 기독교 주류 세력이 지금까지 일어났던 많은 전쟁 중 최소한 일부에 대해서는 '부당한 전쟁'으로 여기고 반대했어야 하는데, 그런 예를 찾아보기 힘들다는 것이다. 또한 오늘날 특정한 전쟁에 반대하는 '선택적인' 양심적 병역거부에 관한 법률을 가진 나라를 찾기 어려운데, 이것은 기독교인들이 정당한 전쟁론의 기준들을 철저하게 관철시키기 위해 진지하게 노력하지 않았음을 단적으로 보여준다.59

3. 기독교 평화주의
(1) 초기 기독교 역사
주후 313년 콘스탄티누스 황제에 의해 기독교가 공인되기 이전 시기까지 기독교의 지배적 견해는 예수님의 산상수훈에

---

59) Ibid., 238.

근거한 '평화주의'였다.『초기 교회의 살인 이해: 전쟁과 낙태, 사형제도에 관한 종합적인 자료집』(*The Early Church on Killing*: *A Comprehensive Sourcebook on War*, Abortion, and Capital Punishment)을 편찬한 로널드 사이더는, 순교자 유스티누스, 테르툴리아누스, 오리게네스, 락탄티우스 등을 포함한 초기 교회의 주요 저술가 중 누구도 기독교인의 살인이나 군복무를 정당하다고 말하지 않았다고 결론짓는다.[60]

대표적으로 순교자 유스티누스는 이렇게 말했다: "한때는 서로를 죽이기도 했던 우리가 이제는 전쟁을 하지 않을 뿐만 아니라, 우리의 심문관들에게 거짓말을 하지 않으려고 그리스도를 고백하며 기꺼이 죽는다." 또한 오리게네스는 다음과 같이 기록했다: "왜냐하면 예수를 위해서 평화의 자녀가 된 우리는, 더 이상 나라를 향하여 칼을 들지도 않고 전쟁을 배우지도 않는다." 테르툴리아누스 역시 이렇게 말했다: "그리스도는 베드로를 무장 해제시킴으로써 모든 병사들의 띠를 풀어서 칼을 벗겼다." 또한 그는 다음과 같이 반문했다: "어떻게 기독교인이 전쟁을 하겠는가? 아니지. 주님께서 칼을 빼앗아 버리셨으니, 칼도 없이 비록 평화시에

---

60) Ibid., 335.

라도 어떻게 병사 노릇을 할 수 있겠는가?" 더욱이 그는 우리 종
교에서는 "죽이는 것보다 죽임을 당하는 것이 더 낫다"라고 말하
기도 했다.61 이방인 켈수스는 기독교인들이 군대에 복무하기를
거부함으로써 로마제국에 대하여 불충하다고 공격했으며, 만일
모든 사람이 기독교인들처럼 행동하면, 로마제국은 곧 멸망하고
말 것이라고 비난했는데, 이것은 그들의 가르침이 실제로 행해졌
음을 증거한다.62

마지막으로 락탄티우스(Lactantius, 250-325)는 자신의
『신의 교훈』(*The Divine Institutes*)이라는 저서에서 단지 전쟁
에서의 살인뿐만 아니라, 낙태와 영아 살해, 사형제도, 검투사
경기 등에서의 살인을 포함한 모든 종류의 살인을 정죄하며 이
렇게 말했다:

"하나님께서 우리에게 살인을 금지하실 때, 일반법조차 허용하
지 않는 공공연한 폭력만을 금지하신 것이 아니라 사람들이 합법
적인 것으로 허용한 것들에 대해서도 반대하신다. 따라서 정의로

61) 월터 윙크, 『사탄의 체제와 예수의 비폭력』, 390-1에서 재인용.
62) Ibid., 391.

운 사람, 곧 기독교인이 군복무를 한다는 것은 타당하지 않고…
어떤 사람을 사형에 해당하는 죄로 고소하는 것도 타당하지 않
다.… 하나님의 이러한 가르침과 관련하여 예외 사항은 전혀 있
을 수 없다. 사람을 죽이는 것은 언제나 불법이다. 하나님께서는
사람을 거룩한 창조물로 지으셨기 때문이다.^{Divine Inst. 6.20}."63

  특별히 그는 콘스탄티누스가 황제로 등극하기 직전 로마
제국의 정책과 키케로(Cicero)의 '정당한 전쟁'의 합리화를 정
면으로 비판한다. 먼저, 그는 이렇게 말했다: 로마인들은 "용
감하고 전쟁을 좋아하는 장군들은 신들의 모이는 곳에 가입할
수 있고, 그래서 군대를 인솔하고, 남의 영역을 황폐화시키고,
도시들을 파괴하고, 마을들을 뒤집어 엎어놓으며, 자유인들
을 죽이거나 노예로 삼는 길 밖에는 영원성을 얻을 길이 없다.
진실로 더 많은 수의 사람들을 무너뜨리고 약탈하며 살해할수
록, 그만큼 더 그들 자신들은 고귀하고 구별되게 된다고, 그래
서 공허한 영광의 허세에 얽매어서, 그들은 자신들의 죄악에다
덕목이란 이름을 주었다"고 생각했다.(Divine Inst. 1.18).64 또

---

63) 로널드 사이더, 『예수가 주님이시라면』, 336-337에서 재인용.
64) 월터 윙크, 『사탄의 체제와 예수의 비폭력』, 393-4, 각주 12)에서 재인용. 초
    대 교회에서 기독교인의 군복무를 반대한 이유가 근본적으로 살인을 반대

한 락탄티우스는 "키케로의 로마제국을 위한 '정당한 전쟁'의 합리화를 배격하면서, 그것은 정의나 진정한 도덕적 덕목에 수용된 것이 아니라, 이 땅 위의 삶과 민간 기관에 수용된 것이라고 명백하게 비판하며(ibid)," 의인된 기독교인이 전쟁에 참여하는 것은 하나님의 뜻이 아니라고 주장한다.[65]

(2) 평화주의의 약화

그러나, 313년 콘스탄티누스 황제의 기독교의 제국의 종교로서의 공인 이후, 기독교가 과거의 탄압의 대상이 아니라, 정반대로 특혜의 대상이 되자, 이전에 그토록 악이라고 생각되었던 전쟁이 이제는 기독교의 복음 전파와 유지를 위해 필요한 것으로 여겨지게 되었다. 특별히 321년에 콘스탄티누스 황제가 군대에 의한 희생 제사를 금지했을 때 기독교인들은 군대에서의 우상숭배 문제가 해결되었다고 보았다. 또한 이후의 상대

하기 때문인가 아니면, 단지 군대에서의 우상숭배를 피하기 위해서인가의 논쟁이 평화주의자와 정당한 전쟁론자간에 있지만, 여기서 락탄티우스의 언급에서 알 수 있듯이, 두 가지 이유는 서로 배타적인 것이 아니라, 동시적인 것으로 볼 수 있다. 즉 로마제국 자체와 그것의 확장을 위한 전쟁과 살인이 신성화되고 우상화되었기 때문에 로마 군대에 들어가 전쟁에 참여하는 일을 반대하는 일과 로마 군대에서의 우상숭배를 반대하는 일은 동일한 것이었다고 할 수 있다. 참조. Ibid., 392-5.
65) Ibid., 394. 각주 12)에서 재인용.

적으로 평화로운 기간 동안 군대는 많은 사망자가 나오는 영토 확장을 위한 전쟁은 아주 드문 경우에만 하게 되었으며, 군인들은 대체로 국경을 보호하거나 오늘날의 경찰처럼 치안 업무를 맡았기 때문에 군복무에 대한 거부감이 약화되었다. 이렇게 완전히 변화된 기독교의 군대에 관한 입장 변화에 대해 월터 윙크는 다음과 같이 극적으로 표현한다:

"303년에는 디오클레시안 황제가 칙명으로 어떤 로마 군인도 기독교인이 되면 안 된다고 금지했는데, 416년에 이르러서는 기독교인이 아니면 로마 군인이 될 수 없다고 변했다."[66]

(3) 평화주의 전통의 존속

기독교가 로마제국을 떠받치는 특권 종교로서의 이러한 새로운 위치를 수용하며 전쟁을 옹호하기 위해 개발한 이론이 바로 아우구스티누스 이후 기독교의 주된 입장이 된 '정당한 전쟁론'이라고 할 수 있다. 그러나 초대교회의 '평화주의' 전통 역시 소수의 집단들에 의해 유지되었다. 왈더시안이나 프란시스코 수도파 등과 신비주의자들, 종교개혁기의 스위스의 콘

---

66) Ibid., 395.

라드 그레벨(Conrad Grebel, 1487-1526)의 형제단들, 모라비안들, 또 17세기의 영국의 퀘이커 교도들을 중심으로 계속되어 갔다. 오늘날은 특별히 재세례파의 한 분파로서 16세기 네덜란드와 북부 독일에서 활동한 메노 시몬스(Menno Simons)의 후예로서 북아메리카로 이주한 메노나이트들이 가장 큰 영향력을 가졌다고 말할 수 있다. 이 입장을 대변하는 신학자는 하워드 요더(Howard Yoder)였으며, 비록 메노나이트는 아니지만 요더의 영향을 받은 저명한 기독교윤리학자 스탠리 하우어워스(Stanley Hauerwas) 역시 비슷한 입장이라고 할 수 있다.[67] 현대의 대표적 실천가로서는 개신교의 마틴 루터 킹(Martin Luther King Jr., 1929-1968) 목사와 가톨릭의 도러시 데이(Dorothy Day, 1897-1980년)를 들 수 있다.

(4) 구약과 신약성경의 다른 본문과의 충돌의 문제와 해석

이제 평화주의를 지지하는 것으로 여겨지는 산상수훈과 흔히 정당한 전쟁론을 지지하는 것으로 여겨지는 로마서 13장을 어떻게 조화시킬 수 있는가의 문제, 그리고 제2장에서 제기했던 구약 성경의 가나안 정복 전쟁 시 그 족속들을 '진멸'하라

---

67) 신원하, 『전쟁과 정치』, 135-6.

는 명령(신명기 20장; 삼상 15장)과 "눈은 눈으로, 이는 이로 갚으라."는 말로 압축되는 '동해보복법'(라틴어 lex talionis, 출 21:24, 레 24:20, 신 19:21) 등의 전쟁과 폭력을 정당화하는 것으로 보이는 본문과의 충돌의 문제를 다루도록 하자.

먼저 신약성경 마태복음 5장 38-48절의 예수님의 산상수 훈에 나타난 원수에게 보복하지 말고 오히려 사랑하라는 '비폭력적 평화주의'와 구약 성경의 전쟁 시 때로 적군뿐만 아니라, 적군의 아내와 자녀와 가축 등 모든 생명체를 진멸하라는 매우 잔인한 폭력에 관한 명령, 그리고 원수에게 똑같은 정도로 벌을 주라는 '동해보복법'과의 충돌 문제를 논의해보자. 이 문제를 해결하기 위해서는 구약과 신약의 우선성이라는 주제를 다루어야 한다. 그런데 신약성경을 보면, 분명히 예수님에게서 성취되는 '새 언약'이 구약 성경의 모세와 맺었던 '옛 언약'보다 우월함을 말한다. 대표적으로 히브리서 7장 22절과 8장 6절은 이렇게 말한다: "이와 같이 예수는 더 좋은 언약의 보증이 되셨느니라."; 또한 "그는 더 좋은 약속으로 세우신 더 좋은 언약의 중보자시라." 더욱이 옛 언약은 "낡고 쇠하는 것이며 폐해진 것이다"(히브리서 8:13; 10:9) 사도 바울 역시 예수님의 십자가의 죽음을 통한 인류 구원의 계획을 '새 언약'이라고 표현하며, 그것은 "없어질" 옛 언약보다 "더욱 영광 가운데 있는" 것이라고 하며 그것의 우월성을 주장한다.(고린도전서 11:25; 고린도후서 3:6-11).[68]

　이렇게 십자가의 희생으로 성취된 예수님의 "새 언약"이 하나님의 보다 온전하신 인류 구원의 계획으로서, 전쟁과 폭력을 용인하는 율법을 지닌 모세의 "옛 언약"을 폐기하며, 대체한다는 점에서 우리는 구약과 신약 본문이 충돌할 경우 신약 본문을 우선시해야 한다. 예수님 자신이 산상수훈에서 구약 율법의 한계를 지적하며, 새 언약 시대에 속한 자들이 따라야 할 새로운 도덕적 비전을 제시하는데, 총 6가지 사항에 대해서 그러하다. 즉 마태복음 5장 21-48절은 살인과 간음과 이혼과 맹세와 보복금지와 원수사랑에 대해서 언급한다. 그런데 그것들 모두 구약의 율법들을 먼저 인용한 후, 그것들에 대한 예수님의 반론을 담고 있다. 예를 들어, 보복금지에 관한 주제의 시작부인 38-39절은 다음과 같다: "또 눈은 눈으로, 이는 이로 갚으라 하였다는 것을 너희가 들었으나 나는 너희에게 이르노니 악한 자를 대적하지 말라 누구든지 네 오른편 뺨을 치거든 왼편도 돌려 내며." 이런 구약에 대한 '신약의 해석학적 우선성'을 '평화

---

68) 로널드 사이더,『예수가 주님이시라면』, 282-3.

주의'를 지지하는 일에 적용하여 리처드 헤이스는 이렇게 말한다:

> "만일 신약성경의 도덕적 비전과 특정 구약 본문의 비전 사이에 도저히 화목할 수 없는 긴장이 존재할 경우, 신약의 비전이 구약에 앞서도록 해야 한다. 신약의 본문이 구약의 할례와 음식물 규례의 요구를 대체하는 판단을 내리듯이, 또한 신약의 이혼 금지가 구약의 허용을 대체하듯이, 비폭력에 대한 예수님의 명백한 가르침과 모범은, 원수를 죽이는 것이 더 이상 정당화될 수 없는 선택이 되도록 하나님에 대한 이해와 언약 공동체에 대한 이해를 재형성한다."[69]

산상수훈의 '비폭력적 평화주의'는 단지 구약 성경뿐만 아니라, 폭력을 용인하는 것으로 보이는 로마서 13장 등의 신약 성경의 다른 본문과도 모순되는 것으로 여겨질 수 있으며, 따라서 이에 대한 설명이 필요하다. 앞부분에서 이미 언급했듯이, 아우구스티누스의 정당한 전쟁론을 계승한 루터와 칼뱅은 로마서 13장 1-4절을 인용하며, 기독교인은 한 국가의 국민으

---

69) 리처드 헤이스, 『신약의 윤리적 비전』, 515.

로서 공적으로 합당한 무력과 폭력을 사용할 수 있는 것으로 여겼다. 그 구절은 정부의 권력은 하나님으로부터 위임받은 것으로서 합법적이며, 그 정부는 악을 제어하고 선을 장려하기 위해 '칼'로 상징되는 무력과 폭력을 사용할 수 있다고 말한다. 즉 1절과 4절만 인용하면 다음과 같다:

"각 사람은 위에 있는 권세들에게 복종하라 권세는 하나님으로부터 나지 않음이 없나니 모든 권세는 다 하나님께서 정하신 바라.… 그는 하나님의 사역자가 되어 네게 선을 베푸는 자니라 그러나 네가 악을 행하거든 두려워하라 그가 공연히 칼을 가지지 아니하였으니 곧 하나님의 사역자가 되어 악을 행하는 자에게 진노하심을 따라 보응하는 자니라."

여기서 권력자가 '칼'을 지녔다는 것은 그가 한 국가 내부적으로 정의를 실행하기 위해 '사형'을 집행하는 등의 공권력을 가진다는 것뿐만 아니라, 다른 국가와의 관계에서 전쟁을 할 수 있는 권한을 가진 것으로 확대 해석된다. 그런데, 이런 국가의 무력 사용에 대한 교훈은 바로 앞의 로마서 12장 마지막 구절과 정면으로 충돌하는 것으로 여겨질 수 있다. 즉 그 마지막 구절은 마태복음 5장의 보복금지와 원수사랑의 교훈과 거의 똑같은 내용을 담고 있다. 즉 로마서 12장 14-21절은 다음과 같다:

"너희를 박해하는 자를 축복하라 축복하고 저주하지 말라.… 아무에게도 악을 악으로 갚지 말고 모든 사람 앞에서 선한 일을 도모하라 할 수 있거든 너희로서는 모든 사람과 더불어 화목하라 내 사랑하는 자들아 너희가 친히 원수를 갚지 말고 하나님의 진노하심에 맡기라.… 악에게 지지 말고 선으로 악을 이기라."

흔히, 이러한 산상수훈의 판박이인 로마서 12장 마지막 구절과 로마서 13장의 첫 구절의 서로 상치되는 것 같은 교훈을 해명하기 위해 전자는 기독교인 개인의 책무와 관련되는 반면, 후자는 기독교인의 한 국가의 국민으로서 공적 책무와 관련되는 것으로 여겨졌다. 하지만, 로마서 13장의 첫 구절이 기독교인의 법집행이나 전쟁에서의 공적인 무력이나 폭력 사용을 권면하고 있다는 생각에는 이의가 제기될 수 있다. 바로 앞의 12장 마지막 구절에서는 기독교인에게 '진노'와 '복수'를 금하는 것이 분명한데, 갑자기 여기서는 한 국가의 국민으로서 그러한 일을 하는데 기꺼이 동참하도록 권한다는 것이 의심스럽지 않은가?

여러 학자가 로마서 13장이 기독교인의 전쟁과 폭력에 대한 공적 참여를 권면한다는 주장에 반기를 든다. 예를 들어, 브루스(F. F. Bruce)는 기독교인의 역할과 국가의 역할을 대조적으로 보면서 이렇게 말한다: "기독교인에게 명시적으로 금지된 기능이 국가에게 부여된 것이다." 또한 벤 위더링턴(Ben Witherington)은 로마서 13장이 "전쟁이나 군사 행동과 같은 정부 활동에 그리스도인이 참여하는 것에 관하여 아무 말도 하지 않는다.… 이 본문은 이방 통치자들의 다스릴 권리, 어떤 목적을 위해 칼을 사용할 권리를 말하는 것이다."라고 말한다.[70] 마지막으로 사이더는 이렇게 결론짓는다: "그것은 정부에 반역하지 않는다는 것으로서, 세금을 납부하고 정부 관계자에게 존경과 존중을 보이는 것을 의미한다.(롬 13:6-7) 하지만 바울은 정부가 악행을 저지르는 사람들을 처벌하는 데 그리스도인들이 동참해야 한다고 일절 언급하지 않는다. 바울은 정부가 그 일을 하고 있다는 것과 정부가 그 일을 할 때 하나님의 대리자로 일한다는 것을 인정할 뿐이다.(13:4) 하지만 본문 어디에

---

70) 로널드 사이더, 『예수가 주님이시라면』, 169-10에서 재인용.

서도 바울은 독자들에게 그 일을 하라고 권하지 않는다. 정부에 관한 언급 바로 이후에 바울은 사랑에 관한 주제로 돌아온다. 거기에서 바울은 "사랑은 이웃에게 해를 입히지 않습니다."라고 주장한다.(13:8-10)"[71]

　　로마서 13장 이외에도 군인들이 세례를 받으러 세례 요한에게 나아왔을 때(누가복음 3:14)나 로마군의 백부장으로서 신자가 된 고넬료가 베드로를 만났을 때(사도행전 10장), 군인 신분에서 벗어나도록 권고되지 않았다는 점 등에 근거하여, 기독교인이 군복무를 하고 전쟁의 임무를 수행하는 일이 신앙과 부조화되지 않는다고 주장된다. 하지만, 그 사건들 모두, 다른 한편으로는, 그들에게 '군복무 자체'를 칭찬하거나, 그것에 적극적으로 임할 것을 권고하고 있지도 않다. 그 구절들은 단지 교회뿐만 아니라, 국가 역시 하나님이 세우신 기관으로서 그 고유의 책무를 위해 칼이 상징하는 무력과 공권력을 사용하도록 허용되며. 혹 기독교인이 군인 등의 공직에 있다면, 굳이 그 공직을 버릴 필요가 없음을 용인하는 정도라고 말할 수 있다. 따라서 우리는 기독교인은 기본적으로 개인으로서 뿐만 아니라 공적 신분으로서도 '평화주의'적 입장을 지녀야 한다고 결

---

71) Ibid., 168-9.

론내릴 수 있다. 때로 한 국가의 국민으로서 군인 등의 공직에 있을 경우 불가피하게 물리력을 사용하거나 전쟁에 참여할 수 밖에 없을 것이지만, 최대한 기독교인으로서의 자세를 잃지 않고 폭력을 자제해야 할 것이다.

특별히 합법적 공권력의 사용이 허용된 국가와 완전히 대비되는 교회가 전쟁과 폭력을 교회 전체의 공적 입장으로서 용인하거나, 더 심각하게는 지지하고 부추기는 일은 결코 있어서는 안 될 것이다. 기독교인 개개인의 판단과 신앙의 정도에 따라 군복무를 하거나 전쟁에 참여하는 일은 어쩔 수 없겠지만 말이다. 교회는 예수님의 산상수훈을 따르며 이 세상에 하나님 나라의 종말론적 빛을 비추는 '평화의 공동체'로 남아 있어야 할 것이다. 만약 교회가 속한 국가가 전쟁을 벌이려고 한다면, 최선을 다하여 그 전쟁을 막으려고 애쓰며, 교회의 반대에도 불구하고 이미 전쟁이 발발하고 말았다면, 폭력의 사용을 줄이고, 가능한 한 신속하게 중단할 것을 촉구하고 기도해야 할 것이다.

(5) 핵 평화주의

4세기 초 로마 황제 콘스탄티누스의 기독교 공인 이후 "정당한 전쟁론"이 교회의 주된 전통이 되어왔지만, 제2차 세계 대전 이후 초대 교회의 "평화주의" 전통 역시 크게 회복되고 있다. 먼저 대량 살상과 인류 전체 문명의 위협이 되는 핵무기의 개발과 더불어 다수의 "정당한 전쟁론" 지지자들도 핵무기에 있어서는 사용을 완전히 금하자는 "핵 평화주의" 지지자가 되었다. 대표적으로 존 스토트는 이렇게 말한다: "핵무기들은 전투요원과 비전투요원을 모두 파괴하며 무차별적으로 영향력을 미친다. 따라서 내가 보기에 핵무기는 윤리적으로 옹호될 수 없다. 또한 재래식 무기들을 '정당하게' 사용할 수 있는 가능성에 관하여 어떻게 생각하든 모든 기독교인은 핵 평화주의자가 되어야 한다."[72]

1983년에 나온 미국 가톨릭 주교단의 『평화의 도전』(*The Challenge of Peace*)이라는 교서 역시 핵무기에 대해 비슷한 견해를 지니고 있다. 또한 이 가톨릭교서는 '정당한 전쟁론'과 대등하게 '평화주의'의 정당성을 공인하고 있다. 즉 "지난 1,500년 동안의 가톨릭 사상에서 정의로운 전쟁이라는 가르침이 분명히 지배적이었지만, 우리가 속해 있는 '새 운동'은 정의로운 전쟁과 비폭력이, 전쟁을 평가하는 데 있어 구별되면서도 상호의

---

72) Ibid., 353에서 재인용.

존적인 방법들임을 인정한다.ˮ73

(6) 정의로운 평화 조성론

1980년대 '핵 평화주의' 논의에 있어서의 정당한 전쟁론자와 평화주의자 사이의 의견 수렴과 토론과 더불어, 기독교의 제3의 견해라고 불리는 '정의로운 평화 조성론'(Just Peacemaking)이 등장하게 된다. 이것은 독일과 미국에서 오랫동안 평화 운동에 관여한 글렌 스타센(Glen Stassen) 교수에 의해 독일 평화통일의 경험을 기반으로 제시된 것으로서74, 앞의 두 견해가 "전쟁을 일으키는 것이 정당하냐?"의 문제에 초점을 맞추는 것과 대비되게, "어떻게 전쟁을 예방할 수 있느냐?"의 문제에 더 관심한다. 스타센이 제안한 10가지 구체적 실천 방안을 요약하면 다음과 같다:

1. 인도의 간디와 미국의 마틴 루터 킹에 의해 효과적으로 실행된 바 있는 '비폭력 직접 행동을 지지하기'

---

73) Ibid., 356.
74) 신원하, 『전쟁과 정치』, 154-5.

2. 과거 미국과 소련의 핵무기 감축과 2,000년도에 전체 이스라 엘군이 남부 레바논에서의 철수를 먼저 선언한 일 등에서와 같 이 상대편보다 먼저 '위협을 감소시키는 독자적 주도행위를 하기'

3. 카터 전 대통령이 이집트와 이스라엘 간의 협정을 이끌어내고, 아이티와 북한 문제를 평화적으로 해결한 일 등에서와 같이, '대화와 협상을 통한 협력적 분쟁 해결을 활용하기'

4. 독일 교회가 히틀러를 지지한 죄를 고백한 일에 뒤이어 독일 정부 역시 책임을 인정하고 용서를 구한 일, 남아프리카 공화 국에서 진실과 화해 위원회를 통해 역사적 과오를 청산한 일 등에서와 같이, '분쟁과 불의에 대한 책임을 인정하고, 회개와 용서를 구하기'

5. 평화를 수립하고 전쟁을 억지하는 데 효과가 있는 '민주주의, 인권, 종교의 자유를 증진하기'

6. '정의롭고 지속 가능한 경제 개발을 육성하기'

7. 국제적 커뮤니케이션, 여행과 이민, 무역과 교회 선교 등의 활
   성화를 통한 국제 사회의 연대를 강화하기 위해 '국제 관계에
   서 출현하는 여러 협력적 세력과 동역하기'

8. '국제연합 및 국제기구들을 강화하기'

9. '공격무기와 무기 거래를 감소하기'

10. '민중들의 평화 운동 집단과 자발적 협회들을 격려하기.'[75]

(7) 결론: 기독교의 '공적' 입장으로서 평화주의

기독교는 예수님의 산상수훈에 근거한 '평화주의'를 확고
하게 지지하고 실천해야 할 것이다. 흔히 '개인적으로'는 '평화
주의'를 지향해야 하지만, '공적으로'는 불가피하게 '정당한 전
쟁론'을 지지하는 것이 최선이라고 생각하는 것으로 보인다.
하지만, 우리는 역으로 기독교의 '공적 입장'은 어디까지나 '평
화주의'이어야 하며, 오히려 '정당한 전쟁론'이 기독교인 개개
인의 특수한 상황에 의거하여 단지 '개인적 입장'으로만 용인

---

75) 글렌 스타센/ 데이비드 거쉬, 『하나님의 통치와 예수 따름의 윤리』, 231-6.

될 수 있다고 생각하는 것이 성경적이며 합당하다고 여긴다. 따라서 현재의 우크라이나 전쟁과 과거 많은 전쟁에서 보아온 바와 같이, 기독교가 '교회의 공적 이름으로' 그것을 '성전(聖戰)' 또는 '정당한 전쟁'이라고 지칭하며 옹호하고 부추긴 일은 '평화의 종교'인 기독교 자체의 본질을 근본적으로 망각하고 상실한 일이다.

물론 이것은 흔히 부당한 전쟁을 정당화하기 위해 오용되지만, 때로는 그 용어의 본뜻 그대로 정당한 것인지의 여부를 바르게 판단하게 하여 평화에 일정 정도 기여하기도 하는 '정당한 전쟁론'의 완전한 무용성을 주장하는 것은 아니다. 정당한 전쟁론의 기준들은 우리로 하여금 베트남 전쟁을 정의롭지 못한 것이었다고 규정하는데 상당한 역할을 했다. 예를 들어, 이미 언급했듯이 미국 정부는 전쟁을 승인할 합법적 권한이 있는 의회의 승인과 공개적 선포도 없이 전쟁을 벌였으며, 평화 협상을 거부했을 뿐만 아니라, 유엔과 국제사법제판소의 개입도 거절함으로 '최후 수단'이라는 원칙을 어긴 것으로 여겨진다. 또한 '제한된 목표'와 '자국의 피해에 비례하는 정도의 보복'이라는 원칙은 모든 것을 초토화시킬 수 있는 '핵전쟁'은 무조건 막아야 한다는 공감대를 형성하는 데 기여하고 있다. 끝으로 '비전투원 면제'의 원칙은 적국에 대한 폭격 시 그 대상이 군사 시설물이 되어야지, 민간 시설이어서는 안 된다는 상식적 판단에 영향을 주었다고 말할 수 있다.[76] 기독교인들이 국가가 주도하는 전쟁에 직면하거나, 어쩔 수 없이 참여하게 되었을 때에 비 기독교인들과 공론의 장에서 대화하며 전쟁을 막거나 폭력을 최대한 피하는 매개로 이 정당한 전쟁론의 기준들을 활용할 수 있을 것이다.

마지막으로 '제3의 견해'라고 일컬어지는 '정의로운 평화 조성론'에 의거하여, 기독교인들은 평상시에 전쟁을 예방하는 데에도 적극적인 관심과 노력을 기울여야 할 것이다. 앞의 '평화주의'와 '정당한 전쟁론'은, 단지 이미 당면하고 있는 전쟁 시도를 막거나 이미 일어난 전쟁에서의 폭력을 줄이려는 데 초점을 맞추는 것과 대비되게, 이 새로운 견해는 아예 그런 분쟁 상황이 오지 않도록 국내적이며 국제적으로 정의롭고 평화로운 사회문화와 정치경제체제와 군사와 외교관계 등을 조성하자는 것인데, 이것은 '피스메이커'(peacemaker, '화평하게 하는 자,' 마태복음 5:9; 고린도후서 5:18)의 직분을 지닌 기독교인들이 가장 앞장서서 해야 할 일일 것이다.

---

76) Ibid., 229-30.

7장 • 평화와 한반도

이번 장에서는 한국 교회와 직접적으로 관련된 한반도 차원의 남북관계에 있어 신약성경의 평화사상을 어떻게 적용할지를 살펴본다. 남북 화해와 통일에 대한 국내외 기독교 단체들(세계교회협의회와 한국교회협의회 등)의 과거 기여 점들을 되짚어보고, 특별히 산상수훈의 '원수사랑'의 명령과 관련하여 오늘에 있어서의 기독교계의 사명과 역할에 대해 모색한다.

1. 남북 분단과 전쟁의 비극

함석헌(1901-89) 선생의 『뜻으로 본 한국 역사』를 보면, 한반도는 수, 당, 명, 청, 일본 등에 의해 수없이 짓밟혀 오다, 다시 미국과 소련을 중심으로 한 자본주의와 공산주의의 냉전의 희생양이 되어 현대사의 죄 짐을 지고 비틀거리는 십자가에 달린 늙은 여인과 같다고 묘사된다. 그런데 이 묘사대로 우리나라는 주변 강대국으로부터 수많은 침략을 받고 희생을 당해왔으며, 무려 670여 만 명이 세계 약 180여 국에 이민자로 흩어져 살고 있고, 안타깝게도 서울과 평양이 약 200 km밖에 안 떨어져 있는데 70년 넘게 자유로운 왕래가 불가능한 세계 유일의 분단국으로 남아 있다.

1945년 우리나라는 일제의 식민지에서 해방되었지만, 그것은 완전한 독립과 광복은 아니었다. 당시 중국에 있던 임시정부는 광복군의 국내침투작전을 준비 중에 있었는데, 그 수행일을 얼마 앞두고 일본이 연합군에 항복함으로 말미암아 승전국의 지위를 누리지 못하고 연합군의 손에 나라의 운명을 맡길 수밖에 없었던 것이다. 결국 이후 모스크바 삼상회의와 미소공동위원회와 UN 회의 등의 결정과 관련된 강대국들의 개입으로 1948년 남과 북 각각의 정부가 구성되어 분단이 시작된다. 더욱이, 1950년 6월 25일부터 3년여 지속된 민족상잔으로 수백만 명이 죽고, 천여만명의 이산가족이 생겼으며, 이후 분단이 고착화된다. 그런데, 이미 오래 전에 전쟁은 끝났고 재발하지 않고 있지만, 공식적으로는 '종전'이 아니라 '정전'(휴전)일 뿐이며, 여전히 북한의 핵무기 개발과 한미 합동군사 훈련 등과 관련하여 군사적 대치와 위협, 그리고 긴장관계가 계속되고 있다.

2. 산상수훈의 '원수사랑'의 정신

독일과 한국의 통일을 비교하는 경우가 많은데, 독일은 한국 같은 동족 간의 뼈아픈 상잔이 없었기 때문에, 원수로 여길 정도의 깊은 골은 없었을 것이다. 그러나 1950년 6월 25일 발발한 남북전쟁 시 군인과 민간인을 합하여 남한 주민 약 85만 명과 북한 주민 약 120만 명이 죽었다.[77] 실종자까지 포함하면 남북을 합하여 약 300만 명이 인명피해를 당했으며, 부상자까지 더하면 무려 600만 명이 피해를 입었다는 통계도 있다.[78] 이 엄청난 골육상쟁으로 인해 과거에 형제였지만, 이제는 서로를 가장 큰 적대국으로 여기는 관계가 된 것이다. 따라서 한반도의 통일은 신약성경의 산상수훈이 명령하는 '원수사랑'이 있을 때만 가능할 것이다.

---

77) 김병로, "한반도 통일과 평화구축의 과제," http://ipus.snu.ac.kr/files/pa/pa_01_8.hwp (accessed June 30, 2024).
78) 나무위키, "6.25 전쟁/영향," https://namu.wiki/w/6.25%20%EC%A0%84%EC%9F%81/%EC%98%81%ED%96%A5 (accessed June 30, 2024).

특별히 월남한 기독교인들의 영향으로 한국교회 주류가 북한공산정권을 원수로 규정하는 일에 앞장섰는데, 여기에는 나름대로 충분한 이유가 있다. 즉 역사적이며, 사상적으로 그들은 '원수'임이 분명하다. 첫째로, 6.25한국 전쟁을 전후한 학살의 역사가 있었다. 북한 공산주의 정권은 많은 성직자를 악질적, 반동적 이라며 죽였다. 즉 월남하거나 극소수의 전향한 자를 제외하고, 신석구(3.1운동 대표, 목사), 김진수(5도 노회 연합회 회장), 김화식(평양 장대현 교회 목사), 조만식(장로), 김인준(평양 장로교 신학교 교장) 등 거의 모든 성직자를 학살했다. 북한은 남침 시에도 212명의 성직자를 학살하였고, 100여명을 후퇴하면서까지 납북했다.[79] 또한 철학적으로 '유물론'을 신봉하므로, 1980년대 후반 이후 겉으로의 유화적 제스처에도 불구하고[80], 근본적으로 하나님과 기독교를 부정하는 '무신론'의 입장을 지닌다. 대표적으로 『김일성 저작집』을 보면, 마

---

79) 고태우, 『북한의 종교정책』 (서울: 민족문화사, 1988), 110-1.
80) 예를 들어, 1988년에 평양에 봉수교회를 설립했고, 1989년에는 김일성대학에 종교학과를 개설했으며, 1992년에는 북한헌법에서 '반종교선전의 자유' 조항을 삭제했다. 또한, 기독교 용어들이 나오는 『조선말사전』에서도 1992년 판 이후에는 이전의 비판적 용어 정의에서 보다 중립적으로 변화되었다. 참조. 정지웅, 『통일과 한국기독교』 (서울: 태민, 2019), 34-6; 정인식, "북한 종교해석이 순화됐다," 『한겨레신문』, 1988년 6월 18일.

르크스의 종교 비판을 그대로 수용하면서 다음과 같은 종교관이 피력된다:

"종교는 반동적이고 비과학적인 세계관입니다. 사람들이 종교를 믿으면 계급의식이 마비되고 혁명하려는 의욕이 없어집니다. 결국 종교는 아편과 같은 것이라고 할 수 있습니다."[81]

하지만 산상수훈에서 예수님은 기독교인들에게 "너희 원수를 사랑하며 너희를 박해하는 자를 위하여 기도하라 이같이 한즉 하늘에 계신 너희 아버지의 아들이 되리니"(마태복음 5:44-5)라고 말한다. 그런데 이러한 원수사랑은 "이웃은 사랑하는 반면, 원수는 미워한다."는 구약 율법에 대한 관행적 해석(참조. 레위기 19:18; 시편 139:21-22)과 인간의 보편적 습성에 배치된다. 그럼에도 불구하고, 예수님을 따르는 자라면, 그런 일반적 태도와 구별되는 모습을 보여야 하는 것이다. 기독교인은 일반인보다 한 차원 더 높은 이상을 추구하며 실천하는 자이다. 즉 마태복음 5장 46-48절은 이렇게 말한다: "너희가 너희

---

81) 기독교학문연구회 편, 『민족통일과 한국기독교』 (서울: IVP, 1994), 77에서 재인용.

를 사랑하는 자를 사랑하면 무슨 상이 있으리요 세리도 이같이 아니하느냐 또 너희가 너희 형제에게만 문안하면 남보다 더하는 것이 무엇이냐 이방인들도 이같이 아니하느냐 그러므로 하늘에 계신 너희 아버지의 온전하심과 같이 너희도 온전하라." 이 산상수훈의 명령대로 남한의 기독교인들은 북한공산정권에 대해 가장 적대적이며 호전적이었다고 할 수 있는 태도에서 벗어나, 이제 가장 우호적이며 평화로운 태도로 일신해야 마땅할 것이다.

3. 기독교계의 남북 화해와 평화에 대한 기여

(1) 고 문익환 목사

기독교 개신교 주류의 '반공주의'적 행태와 달리, 일부 인물과 단체들이 선구적으로 남북의 평화와 통일을 위한 운동에 헌신해왔다. 대표적으로 문익환 목사(1918-94)는 1989년 3월 만주를 거쳐 북한을 방문하여 김일성 주석을 와락 껴안은 것으로 널리 알려졌다. 그는 북한 '조국평화통일위원회'의 초청을 받아 '전국민족민주운동연합'의 고문 자격으로 방북했다. 이때 김일성과의 담판을 통해 '4.2공동성명'을 이루게 하였고, 이 성명은 2000년 제1차 남북정상회담과 6.15공동선언으로 이어진 것으로 평가된다. 또한 그의 방북과 같은 해 6월 '전국대학생대표자협의회'의 대학생 임수경과 그와 동행한 가톨릭 '정의구현사제단' 문규현 신부의 방북 역시 기존의 정부가 독점하던 남북교류의 틀을 깨고, 민간의 참여를 각성시키며 통일 운동의 대중화에 기여한 것으로 여겨진다.

고 문익환 목사는 교수로 오랜 동안 지내다, 1975년 친구 장준하 선생의 의문사를 계기로 민주화와 통일운동을 시작했다고 하며, 그로 인해 이후 11년 이상을 감옥에서 지냈다. 1989년 당시도 무단으로 방북했다 하여 10년 형을 선고 받았는데, 법정에서 어머니 김신묵 여사는 이렇게 외쳤다고 한다: "익환아, 예수님이 십자가를 메고 골고다를 향해가는 심정으로 재판을 받아라. 익환이가 실정법을 어겼다고 하는데, 여보시오. 문목사가 아니면 김일성을 안아줄 사람이 없어요."[82] 출옥 후 강경대군이 시위 중 사망하여 장례위원장을 맡았다가 다시 구속되었으며, 끝내 1994년 심장마비로 소천했다.

그가 1989년 첫새벽에 썼다고 하는 "잠꼬대 아닌 잠꼬대"

---

82) 통일의 집, "김일성도 끌어안은 문익환의 '잠꼬대 아닌 잠꼬대,'" 『오마이뉴스』, 2018년 3월 14일,http://www.ohmynews.com/NWS_Web/View/at_pg.aspx?CNTN_CD=A0002413969&CMPT_CD=SEARCH (accessed June 30, 2024).

라는 시는 그의 통일에 대한 간절한 심정과 염원을 다음과 같이 표현한다:

"난 올해 안으로 평양으로 갈 거야 기어코 가고 말 거야, 이건 잠꼬대가 아니라고 농담이 아니라고 이건 진담이라고… 이 땅에서 오늘 역사를 산다는 건 말이야, 온몸으로 분단을 거부하는 일이라고, 휴전선은 없다고 소리치는 일이라고, 서울역이나 부산, 광주역에 가서 평양 가는 기차표를 내놓으라고 주장하는 일이라고, 이 양반 머리가 좀 돌았구만, 그래 난 머리가 돌았다 돌아도 한참 돌았다, 머리가 돌지 않고 역사를 사는 일이 있다고 생각하나, 이 머리가 말짱한 것들아, 평양 가는 표를 팔지 않겠음 그만두라고 난 걸어서라도 갈 테니까, 임진강을 헤엄쳐서라도 갈 테니까, 그러다가 총에라도 맞아 죽는 날이면, 그야 하는 수 없지, 구름처럼 바람처럼 넋으로 가는 거지."[83]

이런 그의 시와 그의 행동은 일찍이 1948년 해방정국에서 남북의 분단을 막기 위해 무작정 3.8선을 넘어 북한에 갔던 임시정부 주석이었던 김구 선생의 모습을 떠올리게 한다. 그런

---

83) Ibid.

데, 이 시에서 문익환 목사의 바람은 실제로 2007년 5월 17일 경의선 구간의 남북한 통일열차 시범 운행으로 잠시 현실화되기도 했었다.

(2) 한국기독교교회협의회

문익환 목사와 같은 기독교 인사의 개별적 공헌 외에도 1980년대 이후 한국 개신교는 '한국기독교교회협의회'(NC-CK)를 중심으로 통일 운동에 공적으로 공헌해왔다. 1960년대까지는 한국사회 전체적으로 평화통일론 자체가 이적행위로 여겨졌고, 1972년 7.4 공동성명 이후에도, "교회는 자주, 평화, 사상과 이념을 초월한 민족 대단결의 원칙을 오히려 반공정신에 어긋난다고 회의적으로 보았으며… 진보적 기독교인들은 우선 민주화를 이룩한 뒤에 통일을 해야 한다는 '선민주 후통일'의 입장을 가졌다."[84] 그러나 1980년 광주민주화 운동 이후에 민주화와 인권 운동과 더불어 통일 운동도 병행되어야 한다는 각성이 기독교계에서 선도적으로 일어났고, 한국기독교교회협의회가 세계교회협의회의 도움으로 민간 차원의 통일 운

---

84) 이삼열, 『평화체제를 향하여: 한반도의 평화통일과 기독교의 사명』 (서울: 동연, 2019), 32.

동을 전개하게 된다.

먼저 1981년 서울에서 모인 제4차 '한독교회협의회'에서 독일교회의 도움을 받아 통일 문제를 연구하며 촉진하는 위원회나 연구소를 설치할 것을 권장하도록 했으며, 1982년 실제로 NCCK 산하에 '통일문제연구원'의 운영위원회를 조직한다. 그러나 당국의 방해로 공식 모임을 할 수 없었으며, 외국 교회와의 협의를 통해서만, 통일에 관한 입장을 표명할 수 있었다. 즉 1984년에 제3차 한.북미 교회협의회가 서울에서 개최되었으며, 또한 세계교회협의회(WCC) 국제위원회가 일본 '도잔소'에서 개최되어 한반도의 평화와 통일에 대한 입장을 피력했다. 이 기간 WCC 산하의 미국과 캐나다, 일본 등의 교회들이 북한을 방문하고 많은 정보를 수집하여 남한 교회에 제공했고, 이런 도움을 기반으로 하여 남한 교회가 민간의 통일 운동을 주도해나갈 수 있었던 것이다.[85]

1985년부터는 한국 내에서도 통일문제를 공식적으로 논의할 수 있게 되었으며, 1986년에는 분단 이후 처음으로 남북한의 교회가 WCC의 주선으로 스위스 '글리온'에서 만나게 된다. 그리고 급기야 1988년에는 NCCK 총회에서 "민족의 통일

---

85) Ibid., 33-6.

과 평화에 대한 한국기독교회 선언"을 내놓게 되는데, 이것은 민간 차원에서 통일 운동의 물꼬를 트는 역할을 했다고 널리 평가된다. 당시 '서총련'(서울지역총학생회연합)은 이 선언을 가리켜 "한반도의 평화의 서막을 알리는 환희의 축가"와 같으며 "통일의 열망을 국민의 가슴에 깊이 새겨주었다"고 표현하기도 했다.[86]

먼저, 이 선언은 민족의 화해와 통일을 이루는 일이 기독교의 선교적 과제임을 천명하고, 그동안 '반공' 이데올로기에 집착한 남한 교회의 과오를 회개할 것을 촉구했는데, 이것은 같은 해 나온 노태우 정부의 7.7 선언이 북한을 더 이상 '적'이 아니라 '민족공동체'의 일부라고 발표한 것에 영향을 준 것으로 평가된다. 불과 그로부터 1년여 전에 한 국회의원이 '반공'이 국시가 아니라 '통일'이 국시가 되어야 한다고 발언했다가 감옥에 갇히기까지 하던 분위기를 변화시키는 역할을 했기 때문이다.[87]

다음으로, 이 선언은 1972년의 7.4공동성명에 나타나는 세 가지 원칙, 즉 '자주'와 '평화'와 '민족 대단결' 외에 '인도주의'와

86) Ibid., 138-9.
87) Ibid., 139.

'민중의 참여'라는 두 가지 원칙을 내세웠는데, 그 중 후자는 그동안 억압되었던 민간 차원에서의 '통일 논의의 자유화'를 관철시키는 계기가 되었다고 널리 인정되며 특별히 높이 평가된다. 실제로 노태우 정부의 7.7 선언은 이 선언의 이런 요구를 받아들였다.[88]

또한 이 선언의 구체적 제안들까지 노태우 정부에 의해 수용되었다. 즉 남북고위급회담의 결실로 내놓은 1992년의 '남.북의 화해와 불가침 교류 협력에 관한 합의문'에는 그 선언이 제안한 "상호존중과 비방의 중지," "불가침선언," "군사적 신뢰와 군축," "자유로운 왕래와 교류 협력," "핵무기 철거" 등이 거의 그대로 반영되고 있다.[89]

(3) 평화와 통일을 위한 기독인 연대

1990년대 이후에는 NCCK를 중심으로 한 진보적 교회들뿐만 아니라, 보수적 교회들도 참여하여 통일운동이 개신교 교회 전체로 확산되고 보다 대중화되었다고 할 수 있다. 특별히 1993년 4월에 진보와 보수 교회가 연합하여 '평화와 통일을 위

---

88) Ibid., 6.
89) Ibid., 55.

한 남북나눔운동'이 창립되었는데, 1994년 북한이 대규모 홍수 피해로 식량난에 처하게 되자 한마음으로 인도적 차원의 북한 돕기운동에 적극적으로 협력했다. 이런 협력활동은 2010년 10월에는 '평화와 통일을 위한 기독인 연대(평통기연)'의 창립으로 이어졌다.[90] 현재는 '평화와 통일을 위한 연대(평통연대)'로 명칭이 약간 바뀌었지만, 평화통일 담론과 공감대 확산을 위한 포럼을 개최하고, 아카데미를 개설하며, 성명서를 발표하는 등의 활동을 지속적으로 해오고 있다.

'평통연대'의 최근의 성명서인 2024년 2월 29일의 '3.1 운동 105주년 성명서' 중 남북관계에 관한 부분을 발췌하여 소개하면 다음과 같다:

"오늘날 우리는 남북대결과 신냉전의 새로운 위기 속에서, 평화와 통일, 화해와 협력을 위한 새로운 운동을 전개해야 한다. 우선, 남북 관계가 '적대관계'로 완전히 바뀌고 있다. 윤석열 대통령은 헌법3조의 영토조항과 4조의 '자유민주적 기본질서'에 따른 흡수통일정책을 공언하며 강경한 대북정책을 추진하고 있다. 김정은 위원장은 남북관계를 '적대적 두 교전국'이라고 규정하

---

90) 정지웅, 『통일과 한국기독교』, 120-1.

고 북한 헌법을 비롯한 모든 곳에서 '통일'을 제거할 것을 지시했다. 서해에서는 북방한계선(NLL)과 '해상국경선'을 둘러싼 긴장이 날로 고조되고 있다.

2005년 〈9.19 공동성명〉 폐기, 2019년 하노이 회담 실패 이후 북한의 핵 미사일 능력이 날로 고도화되고 있다. 이에 대해 한 미 일의 확장억제력도 날로 체계화되고 있다. 북한은 헌법과 법률에 핵보유국임을 명시했고, 유사시 한국에 대한 핵사용을 명문화했다. 지난 30년간 추진된 '비핵화노선'이 파탄 난 상황에서 핵전쟁의 위험은 날로 증대되고 있다.

지금 '힘에 의한 평화'가 남북에서 메아리치고, '평화를 원하거든 전쟁을 준비하라'는 섬뜩한 구호가 공공연히 주창되고 있다. 우리 국민은 한반도 문제의 본질을 직시하고 균형감을 가져야 한다. 우리는 힘을 기르고 안보를 다지되, 동시에 상호인정하고 존중하는 가운데 대화와 합의로 평화를 추구해야 한다. '평화를 원하거든 평화를 준비하라'는 말처럼 정부와 국민 그리고 관련 당사국 모두가 모든 언행에서 '평화를 준비'할 것을 촉구한다."[91]

---

91) 평통연대, "평화통일연대 3.1 운동 105주년 성명서," https://cnpu.kr/57/?q=YToxOntzOjEyOiJrZXl3b3JkX3R5cGUiO3M6Mzoi YWxsIjt9&b-mode=view&idx=18243749&t=board (accessed June 30, 2024)

4. 오늘에 있어서의 과제

(1) 정전체제에서 평화체제로의 변화

독일에서 세계교회협의회(WCC) 산하 단체에서 일하기도 했으며, 한국기독교교회협의회(NCCK)의 통일위원회에서 오랜 동안 활동하고, 앞의 1988년 선언의 작성자 중 한 명이었던 이삼열 교수는 독일의 통일 사례를 참조하여, '정전체제'에서 '평화체제'로의 변화를 기독교적 과제로 제시한다. 이론적으로 그는, 앞서 2장에서 우리가 샬롬의 의미를 다룰 때 언급했던, 평화학자 요한 갈퉁의 '소극적 평화'와 '적극적 평화'의 구분에 다음과 같이 근거한다: "한반도에서 평화가 지속적이며 항구적인 것이 되려면 평화사상가 요한 갈퉁(Johan Galtung)의 주장처럼, 단순히 물리적 전쟁이나 폭력이 없는 소극적 평화(negative peace)뿐만 아니라, 갈등과 모순, 억압과 차별과 같은 구조적 폭력(structural violence)까지 없애는 적극적 평화(positive peace)가 구축되어야 하는데, 이 작업과 과정은 엄청난 개혁을 수반하는 어렵고 힘든 일이 아닐 수 없다."[92] 이런 구분에 착안하여 그는 지금까지의 휴전협정 가운데 전쟁을 중단하고 억제하는 데 그치는 소극적 태도가 아니라, 전쟁이 일어

---

92) 이삼열, 『평화체제를 향하여』, 426.

날 수 있는 소지와 원인을 아예 제거하고 더 나아가 통일을 지향하는 적극적 태도가 남북관계에서 형성될 수 있는 방식들을 모색한다.

이미 그런 평화체제 구축을 위한 방식들이 1988년의 '민족의 통일과 평화에 대한 한국기독교회 선언'에서 제안되었지만, 노태우 정부 하의 1992년의 '남.북의 화해와 불가침 교류 협력에 관한 합의문'에서 수용되지 않았다. 평화체제 구축을 위해 정전협정을 평화협정으로 바꾸고, 신뢰와 안정이 정착된 뒤에는 주한미군을 철수해야 한다는 주장 등이 상당히 급진적인 것으로 여겨졌기 때문일 것이다.

2000년 첫 번째 남북정상회담 후 나온 '6.15선언'에서도 평화체제에 관한 문제는 다뤄지지 않았으며, 2007년 두 번째 남북정상회담 후 나온 '10.4선언' 역시 종전선언에 대해서만 언급하고 평화협정에 대해서는 거론하지 못했다. 하지만 2018년 세 번째 남북정상회담 후의 '4.27선언'에는 드디어 종전선언을 할 뿐만 아니라, 평화협정을 맺고 단계적 군축과 비핵화를 실현함으로 항구적인 평화체제를 수립하는 일을 적극적으로 추진하자는 내용이 담기게 된다. 또한 이 내용은 얼마 뒤에 열린 북미정상회담 후 나온 '6.12싱가포르선언'에도 그대로 담겨져 있다.[93] 그러나, 불행하게도 종전선언과 평화협정은 끝내 현실화되지 못하고 무산되었다.

(2) 평화체제의 3단계 과정

이삼열 교수는 북한이 핵무기와 미사일 개발에 몰두하는 일과 남한이 한미군사훈련과 군사력 강화를 계속하는 일 양자 모두를 막는 근본적 해결책은 평화체제를 수립하는 것이라고 주장하며 그것을 위한 다음과 같은 3단계의 과정을 제시한다:

"1) 우선 현재의 휴전(정전, 이하 이탤릭체 부분은 필자 삽입) 협정을 평화협정으로 바꾸어야 한다. 현재의 휴전선을 남 북한의 잠정적인 국경선으로 인정하고, 무력사용을 포기하 며 평화적으로만 통일을 추구하겠다는 합의와 조약이 없이 는, 남 북의 군비 축소와 군사훈련 중지를 도모할 길이 없 으며 긴장과 대결국면을 없앨 수가 없다.

2) 평화협정만으로 평화체제가 이루어진다고 볼 수가 없다. 남 북한이 서로 상호 주권과 영토, 체제를 확실하게 인정하면서 대화와 협상을 통해 통일을 지향한다는 기본관계 조약을 맺어

---

93) Ibid., 428-30.

야 한다.… 아울러서 이를 근거로 남 북한이 동등하게 주변의 4대국(미국, 일본, 중국, 소련[러시아])과 함께 동북아의 평화와 공동안보를 보장하는 어떤 형태의 협약을 맺어야 한다. 물론 이 이전에 북한과 일본, 미국의 수교가 이루어져야 한다.

3) 이러한 협정과 조약이 맺어지는 상황에서, 즉 평화의 구조가 국제법상으로 정착되는 차원에서 평화를 위협하는 요소들을 실질적으로 제거하는 작업이 실시되어야 한다. 즉 휴전선 양편의 첨예한 군사적 대결을 해소하기 위해 온갖 공격적 무기와 군사 시설 및 주둔군을 감축내지는 후퇴시키고, 남 북의 군비를 합의 과정을 통해 축소하며, 이 단계에서는 주한미군도 철수시켜야 한다."[94]

(3) 독일 통일의 교훈

앞의 제안들은 독일의 통일에서 많은 부분을 착안한 것이다. 1969년에 집권하기 시작한 서독의 빌리 브란트(Willy Brandt, 1913-92) 수상은 동독을 비롯한 동구권 국가들과의 관계를 개선하는 소위 '동방정책'(Ostpolitik)을 펼침을 통해 추후 1989년의 베를린 장벽의 붕괴와 1990년의 독일 통일의 밑그림

---

94) Ibid., 352-3.

을 놓은 인물로 평가된다. 그는 1970년 소련과 폴란드 등과 불가침 조약을 체결하도록 했는데, 특히 폴란드 바르샤바의 유대인 희생자 기념탑에서 무릎을 꿇고 역사적 과오를 반성한 일은 감동적이기까지 하다. 1972년에는 동서독 간의 '기본조약'을 체결하도록 하여 양국의 체제를 인정하고, 유럽의 평화와 독일 민족의 통일을 지향할 것을 약속한다. 또한 이것의 실천을 위해 이후 서독 정부는 어마어마한 원조를 동독에 했으며, 독일은 소련과 폴란드에 상당히 넓은 영토를 양보하는 희생을 해야 했다.

한반도의 경우 남북 간의 전쟁이 있었기 때문에, 화해와 통일이 길이 더 멀게 느껴질 수 있다. 그러나 미국과 러시아, 중국, 일본 등과의 남북 양자 모두의 평화협정이나 평화조약 체결, 그리고 무엇보다 남북 상호 간의 기본조약 체결 등을 맺는 시도를 멈추지 않고, 묵묵히 실천할 때, 독일 통일이 불현듯 찾아왔듯이, 남북의 통일도 언젠가는 찾아올 수 있을 것이다. 이런 더욱 큰 노력과 희생이 필요한 남북문제에 특별히 기독교인들이 앞장서야 할 것이다. 왜냐하면 기독교인들은 "원수까지 사랑하라"고 요구되며, '피스메이커'(peacemaker)로 부름 받았기 때문이다.

8장 • 결론

　중세의 십자군 전쟁과 2002년 9.11 테러 이후 미국의 무슬림 국가들과의 연이은 전쟁 등으로 기독교는 전쟁을 용인 또는 적극 지지하는 이미지를 가지고 있으며, 한국의 기독교 주류 역시 '반공'을 내세우며, 전쟁도 불사하는 태도로 북한과 가장 적대적인 모습을 보이고 있다. 이런 모순된 상황을 타개하고 기독교가 평화의 종교임을 재확인하고 재천명하기 위해, 우리는 이 책에서 기독교의 경전인 성경 중 신약성경의 평화사상을 연구했다.

　첫째로, 제1장의 평화의 복음이라는 제목의 서론에서는 예수의 복음 또는 하나님 나라의 핵심 내용과 덕목의 하나가 평화임을 살폈다.(참조. 로마서 14:17 "하나님의 나라는… 성령 안에 있는 의와 평강[에이레네]과 희락이니라"; 사도행전

10:36 "화평[에이레네]의 복음을 전하사"; 에베소서 6:15 "평안
[에이레네]의 복음이 준비한 것으로 신을 신고") 또한 평화의
구약 히브리어 '샬롬'과 신약 헬라어 '에이레네'의 용례를 찾아
보고, 그것이 개인적 차원뿐만 아니라, 하나님, 타인, 자연과의
관계적 차원 등 다차원적인 의미가 있음을 확인했다.

둘째로, 제2장에서는 구약 성경에 나오는 평화('샬롬')의
뜻을 보다 자세히 살폈다. 특별히, 신약에서 평화 자체이시며,
평화의 왕으로 규정되는 예수(누가복음 2:14 "땅에서는… 평
화로다"; 히브리서 7:2-3 "평강의 왕이요.… 하나님의 아들과
닮아서," 참조. 이사야 9:6)에게서 성취된 것으로 여겨지는 구
약의 두 가지 대표적인 종말론적 예언 구절(에스겔 34:23-31
"내가 한 목자를 그들 위에 세워 먹이게 하리니 그는 내 종 다
윗이라… 내가 또 그들과 화평의 언약을 맺고"; 그리고 스가랴
9:9-10)을 분석하여, 언약 개념을 매개로 평화에 대한 신약과
구약의 연속성을 밝혔다. 위의 에스겔 본문은 다윗 언약이 '화
평(평화)의 언약'임을 가리키는데, 그뿐만 아니라 이사야 54장
9-10절은 훨씬 이전의 노아 언약(창세기 9:8-11) 역시 '화평의
언약'이라고 말하며, 레위기 26장 3-9절과 창세기 1장 28절과
17장 6-7절은 모세, 아담, 아브라함 언약 등 구약의 여타 주요

언약 모두 그들에게 화평을 약속하는 언약이었음을 암시한다.

결국 이 '화평의 언약'과 평화의 메시아에 대한 예언은 전쟁과 폭력을 상징하는 병거와 말이 아니라 나귀 새끼를 타고 예루살렘에 입성하시고, 십자가의 희생의 피로 말미암은 평화로운 방법으로 구원을 이루신 '평강의 왕'이신 예수님에 의해 성취된다.(누가복음 19:28-44; 참조. 누가복음 22:20 "이 잔은 내 피로 세우는 새 언약이니")

또한, 구약의 평화의 의미는 요한 갈퉁(Johan Galtung)이 '소극적 평화'라고 규정한 단순히 폭력과 위협이 없는 상태가 아니라, 이 세상의 가장 완전한 상태라는 적극적 의미를 지녔음을 살폈다. 다른 한편, 언어적으로, 히브리어의 '샬롬'과 아랍어의 '이슬람'이 같은 뜻을 지녔으며, 예루살렘이라는 단어의 뒷부분인 '살렘'도 마찬가지이고 예루살렘이 '평화의 터전'이라는 의미임을 밝혔다. 이것은 현재의 이스라엘과 팔레스타인을 중심으로 한 아랍권의 극렬한 대치 상황과 모순된다.

셋째로, 제3, 4, 5장에서는 신약성경의 주요 문헌, 즉 공관복음서, 바울서신, 요한문헌을 각각 연구했다. 먼저, 공관복음서에서는 마태복음의 원수사랑과 비폭력의 교훈, 마가복음의 십자가의 희생과 섬김을 통한 예수님의 평화의 길, 누가복음의 만물의 평화의 왕으로서의 예수님에 대한 묘사 등에 대해 살폈다. 다음으로, 바울서신에서는 '평화의 하나님'(호 데오스 테스 에이레네스)이라는 어구, 평화의 하나님, 타인, 자연 혹은 만물과의 관계적 차원, 그리고 '팍스 로마나'(Pax Romana, '로마의 평화')와 '예수의 평화'의 대조 등에 대해 논의했다. 끝으로, 요한문헌에서는 여러 외부적 위협과 갈등 상황에서 교회 공동체 구성원 상호 간의 사랑에 대한 권면을 통한 '교회 내부적 평화'에 대한 강조와 구원자 예수에 대한 "어린 양"이라는 묘사에 나타나는 비폭력적인 평화 등에 대해 살폈다.

최종적으로, 제6, 7장에서는 신약성경의 평화사상을 전 세계와 한반도 차원 각각에 적용하여 세계평화와 남북화해와 통일의 길을 모색했다. 먼저, 6장에서는 '기독교 평화주의'(Christian Pacifism) 전통을 '정당한 전쟁론'(Just War Theory) 전통과 비교 분석하여, 전 세계적 평화의 걸림돌이 되는 전쟁과 테러의 악순환을 끊어내는 기독교적 입장과 실천 방안을 강구했다.

여기서 우리는 '신약의 해석학적 우선성'(히브리서 7:22 "이와 같이 예수는 더 좋은 언약의 보증이 되셨느니라," 참조. 히브리서 8:6, 13)에 근거하여, 산상수훈 등의 신약의 '비폭력 평화주의'의 교훈이 구약의 가나안 정복 전쟁 명령이나 '동해보복법'보다 오늘의 기독교인들에게 더 우선시되어야 하기 때문에, 기독교인은 근본적으로 '평화주의'를 지지해야 한다고 결론지었다. 또한 로마서 13장 등에 대한 보다 자세한 관찰에 근거하여, '개인적으로'는 '평화주의'를 지향해야 하지만, '공적으로'는 불가피하게 '정당한 전쟁론'을 지지하는 것이 최선이라고 여기는 아우구스티누스와 루터와 칼뱅 등으로 이어져 온 주류적 견해를 반박했다. 정반대로 우리는 기독교의 '공적 입장'은 어디까지나 '평화주의'이어야 하며, 오히려 '정당한 전쟁론'이 기독교인 개개인의 특수한 상황에 의거하여 단지 '개인적 입장'으로만 용인될 수 있다고 주장했다. 따라서 현재의 우크라이나 전쟁과 과거 많은 전쟁에서 보아온 바와 같이, 기독교가 교회의 '공적 이름으로' 그것을 정당한 전쟁 또는 성전 (holy war)이라고 지칭하며 옹호하고 부추긴 일은 '평화의 종교'인 기독교 자체의 본질을 근본적으로 망각하고 상실한 행태라고 말할 수 있다.

하지만 우리는 '정당한 전쟁론'의 완전한 무용성을 주장하지는 않는다. 기독교인들이 국가가 주도하는 전쟁에 직면하거나, 어쩔 수 없이 참여하게 되었을 때에 비기독교인들과 공론의 장에서 대화하며 전쟁을 막거나 폭력을 최대한 피하는 매개로 정당한 전쟁론의 여러 기준들을 활용할 수 있을 것이다. 다른 한편, '제3의 견해'로 일컬어지는 '정의로운 평화 조성론'(Just Peacemaking)에 의거하여, 기독교인들은 평상시에 전쟁을 예방하는 일에도 적극적으로 참여해야 한다. 앞의 '평화주의'나 '정당한 전쟁론'은 단지 당면하고 있는 전쟁 시도를 막거나 이미 일어난 전쟁에서의 폭력을 줄이려는 데 초점을 맞추는 것과 대비되게, 이 새로운 견해는 아예 그런 분쟁 상황이 오지 않도록 국내적이며 국제적으로 정의롭고 평화로운 사회문화와 정치경제체제와 군사와 외교 관계 등을 미리미리 조성하자는 것인데, 이것은 '피스메이커'(peacemaker, '화평하게 하는 자,' 마태복음 5:9; 고린도후서 5:18)의 직분을 지닌 기독교인들이 가장 앞장서서 해야 할 사명이다.

마지막으로 7장에서는 남북화해와 통일에 대한 국내외 기독교 단체들의 과거 기여 점들을 되짚어보고, 오늘에 있어서의 기독교계의 사명과 역할에 대해 모색했다. 먼저, 1989년 평양을 방문하여 김일성 주석을 와락 껴안고 공동성명을 내놓게 하여, 통일운동을 전 국민에게 각성시키고, 이후 2000년의 제1차 남북정상회담의 기초를 놓았다고 평가되는 고 문익환 목사의 선구적이며 헌신적인 활동에 대해 살폈다.

다음으로 1988년 '한국기독교교회협의회'(NCCK)가 발표한 '민족의 통일과 평화에 대한 한국기독교회 선언'의 중요성과 기여점에 대해 고찰했다. '한국기독교교회협의회'는 '세계교회협의회'(WCC)의 도움으로 북한에 대한 내실 있는 정보를 취득하고, 북한교회와 접촉할 수 있었는데, 그것을 통해 앞의 선언에서 상당히 적실성 있는 남북화해의 원칙과 정책을 제안할 수 있었으며, 실제로 그 제안은 당시 노태우 정부에 의해 상당히 크게 수용되었다. 따라서 이 선언은 지금까지 정부가 독점하던 대북창구를 벗어나 민간의 참여를 활성화시키는 물꼬를 텄으며, 통일운동의 대중화를 가져온 계기가 된 것으로 여겨진다. 1990년대 이후에는 소련의 해체와 독일의 통일 등으로 인한 전 세계적 해빙 분위기 속에서 보수 교회 역시 남북화해와 통일 사업에 참여하게 되었고, 진보 교회와 협력하게 되었는데, 대표적 사례가 1993년 창립된 '평화와 통일을 위한 남북나눔운동'이다. 이런 범 교회적 협력은 2010년 '평화와 통일을 위한 기독인 연대' 등의 창립을 통해 현재까지 이어져오고 있다.

끝으로 앞의 '민족의 통일과 평화에 대한 한국기독교회 선언'에서 이미 제안했지만, 정부에 의해 여전히 받아들여지고 있지 않은 '평화체제'의 구축을 오늘의 과제로 제시했다. 이것은 1953년의 전쟁을 잠시 멈춘다는 의미의 '정전(휴전)협정'에 근거한 '정전체제'를 탈피하여, 이제 전쟁을 완전히 중지한다는 의미의 종전을 선언하고, 더 나아가 평화의 근본적 토대를 놓으며 통일을 지향하는 남북과 주변 열강 간의 '평화협정'과 남북 간의 '기본협정'을 체결하여 '평화체제'로 나아간다는 것이다. 이를 위해서는 북한의 핵무기와 미사일 개발 중지와 남한에서의 미군 철수와 한미합동군사훈련의 중지 등이 요구되는데, 문제는 "어느 측이 먼저 그런 결단을 내리고 행동할 수 있느냐?"라는 것이다. 바로 이럴 때, 원수까지 품고 사랑할 수 있는 기독교인의 본모습이 필요할 것이다.

참고문헌

강창근. 『예수 그리스도의 평화』. 서울: 포이멘, 2007.

고태우. 『북한의 종교정책』. 서울: 민족문화사, 1988.

기독교학문연구회 편. 『민족통일과 한국기독교』. 서울: IVP, 1994.

김병로. "한반도 통일과 평화구축의 과제." http://ipus.snu.ac.kr/files/pa/
pa_01_8.hwp (accessed June 30, 2024).

김세윤. 『칭의와 성화』. 서울: 두란노, 2013.

나무위키, "6.25 전쟁/영향." https://namu.wiki/w/6.25%20%EC%A0%84
%EC%9F%81/%EC%98%81%ED%96%A5 (accessed June 30,
2024).

박동현. "구약성서의 평화." 박경수 편. 『하나님 나라와 평화』. 서울: 대한기
독교서회, 2017.

박영호. "평화의 교회로 가는 길 – 신약성서의 도전." 박경수 편. 『하나님 나라
와 평화』. 서울: 대한기독교서회, 2017.

신원하. 『전쟁과 정치: 정의와 평화를 위한 기독교윤리』. 서울: 대한기독교서
회, 2003.

유신모. "8년 9개월 끈 이라크전 사망자 총 15만여 명 추산."『경향신문』
. 2011년 12월 16일. https://m.khan.co.kr/world/america/arti-
cle/201112162051575#c2b (accessed June 30, 2024).

이문식. "예수는 누구인가 5, 6강 – 열심당과 예수, 예수의 제자들과 열심당."
CBS 성서학당. https://www.youtube.com/@cbsbibleschool (ac-
cessed June 30, 2024).

이삼열. 『평화체제를 향하여: 한반도의 평화통일과 기독교의 사명』. 서울: 동연, 2019.

정인식. "북한 종교해석이 순화됐다." 『한겨레신문』. 1988년 6월 18일.

정지웅. 『통일과 한국기독교』. 서울: 태민, 2019.

채인택. "'황제→공산주의→푸틴' 권력에 결택해온 러시아 정교회." 『이코노미스트』. 2022년 5월 7일. https://economist.co.kr/article/view/ecn202205070034 (accessed June 30, 2024)

통일의 집. "김일성도 끌어안은 문익환의 '잠꼬대 아닌 잠꼬대.'" 『오마이뉴스』. 2018년 3월 14일. http://www.ohmynews.com/NWS_Web/View/at_pg.aspx?CNTN_CD=A0002413969&CMPT_CD=-SEARCH (accessed June 30, 2024)

평통연대. "평화통일연대 3.1 운동 105주년 성명서." https://cnpu.kr/57/?q=YToxOntzOjEyOiJrZXl3b3JkX3R5cGUiO3M6Mzoi-YWxsIjt9&bmode=view&idx=18243749&t=board (accessed June 30, 2024)

비슬리 머리(G. R. Beasley-Murray). 『요한복음』. 이덕신 역, 서울: 도서출판 솔로몬, 2001.

두흐로(U. Duchrow)/ 리드케(G. Liedke). 『샬롬』. 손규태/ 김윤옥 역, 서울: 한국신학연구소, 1994.

리처드 헤이스(Richard Hays). 『신약의 윤리적 비전』. 유승원 역, 서울: 한국기독학생회출판부, 2002.

리처드 니버(Richard Niebuhr). 『그리스도와 문화』. 김재준 역, 서울: 대한기독교서회, 1998.

로널드 사이더(Ronald Sider). 『예수가 주님이시라면: 그리스도의 사랑과 정의, 비폭력』. 김상엽 역. 서울: 요단출판사, 2021.

글렌 스타센(Glen Stassen)/ 데이비드 거쉬(David Gushee). 『하나님의 통치와 예수 따름의 윤리』. 신광은/ 박종금 역, 대전: 대장간, 2011.

윌라드 스와틀리(Willard Swartley).『당신의 빛을 비추소서: 평화, 선교, 예배를 위한 비전』. 최봉기/ 최태선 역, 대전: 대장간, 2007.

월터 윙크(Walter Wink).『사탄의 체제와 예수의 비폭력』, 한성수 역, 고양: 한국기독교연구소, 2013.

니콜라스 월터스토프(Nicholas Wolterstorff).『정의와 평화가 입맞출 때까지』, 홍병용 역, 서울: IVP, 2007.

페리 요더(Perry Yoder)/ 윌라드 스와틀리(Willard Swartley).『평화의 의미』. 신상길/ 소기천 역, 서울: 한국장로교출판사, 2003.

Bauer, Walter. *A Greek-English Lexicon of the New Testament and Other Early Christian Literature*. Chicago [etc.]: The University of Chicago Press, 1979.

Grewal, Balijt. "Johan Galtung: Positive and negative peace" (2003). https://buildingpeaceforum.com/no/fred/Positive_Negative_peace.pdf (accessed June 30, 2024).

Homes, Arthur ed. *War and Christian Ethics: Classical and Contemporary Readings on the Morality of War*. Grand Rapids, Michigan: Baker Academic, 2005.

Swartley, Willard. *Covenant of Peace: The Missing Peace in New Testament Theology and Ethics*. Grand Rapids [etc.]: Eerdmans, 2006.